SPORT
VERLAG

Manfred Scholich

Circle-Training

Kondition und Fitneß durch rationelles Üben

Sportverlag Berlin

CIP-Titelaufnahme der Deutschen Bibliothek

ISBN 3-328-00458-0

Sportverlag GmbH Berlin 1991
Erste Auflage
Illustrationen: Karlheinz Birkner
Einband: Theodor Bayer-Eynck
Einbandfoto: Larry Dale Gordon/THE IMAGE BANK
Printed in Germany
Satz: IBV Satz- und Datentechnik GmbH, Berlin
Druck und Binden: Graphischer Großbetrieb GmbH Pößneck
Ein Mohndruck-Betrieb

Inhaltsverzeichnis

Vorwort

Wer kennt das nicht? Schwierigkeiten beim Treppensteigen; die Beine werden immer schwerer. Man ist auch nicht mehr so schnell wie früher, da hätte man den Bus im Spurt noch erreicht. Schnelligkeit und Ausdauer fehlen. Signale, endlich nicht nur bei guten Vorsätzen zu bleiben, sondern wirklich etwas für die Fitneß zu tun.
Ein anderer stellt fest, daß Volleyball eigentlich doch nicht soviel Spaß macht, wie anfangs geglaubt. Die Mitspieler springen am Netz höher, sind besser beim Angriff und Block, sie haben die größere Sprungkraft. Allein durch Spielen erreicht man deren Leistungen nicht.
Eine sehr effektive Methode für solche und unzählige andere Situationen, in denen es um Leistungssteigerungen geht, ist das Circle-Training, auch Kreistraining genannt. Viele kennen diese Methode aus dem Schulsport, dem Sportverein oder aus dem Fitneßtraining.
Mehr als 200 der besten Übungen und Programmvarianten sind in diese Übungssammlung aufgenommen worden. Mit ihnen kann hocheffektiv Kraft, Schnelligkeit und Ausdauer entwickelt werden, so abwechslungsreich, daß Monotonie und stupides Trainieren kein Thema mehr sind.
Die Übungen wurden hundertfach auf ihre Wirksamkeit getestet und haben sich inzwischen zigtausendfach in den verschiedensten Trainingsgruppen bewährt. Das ist nämlich der große Vorteil des Circle-Trainings: Die Anpassungsfähigkeit. Es basiert auf dem von den Engländern Morgan und Adamson entwickelten „Circuit-Training«, das inzwischen weiterentwickelt wurde und heute für viele die Organisationsform des Trainings schlechthin ist. „Circle-Training“ bietet für die unterschiedlichsten Zielstellungen vielfältige Übungsangebote für nahezu alle Sportarten, vom Leistungssport bis zum Sportunterricht. Und, wer es ernst meint mit seinem Fitneßtraining, der kommt um das Circle-Training nicht herum.
Daß das Buch nützlich für die verschiedensten Belange ist, soll an einigen Beispielen deutlich werden.
Die Kurzkreise sind ideal für das Training zu Hause geeignet. Mancher wird staunen, wie gut man sich auch ohne Kraftmaschine fit machen kann.
Auch die sogenannten Problemzonen sind kein Problem. Übungen zur Entwicklung der Rücken- oder Bauchmuskulatur wie auch anderer Muskelgruppen sind rasch herausgefunden und zu einem individuellen Übungskreis zusammengestellt.

Für Sportlehrer, Übungsleiter und Trainer werden vor allem die Übungen für unterschiedliche Altersgruppen, aber auch für die wichtigsten Sportarten interessant sein.
Bevor man mit dem Üben beginnt, muß man wissen, wie man sich richtig belastet, um wirklich den beabsichtigten Trainingseffekt zu erzielen und um Verletzungen zu vermeiden. Deshalb wird dem Übungsangebot ein kurzer Überblick zu diesen Fragen vorangestellt.
Übrigens, wer genauer Bescheid wissen will über das Wie und Warum des Einsatzes verschiedener Übungen und Belastungsdosierungen, der kann in dem Buch nachschlagen, aus dem das hier vorliegende hervorgegangen ist: „Kreistraining“, erschienen in drei Auflagen mit 50000 verkauften Exemplaren.

1. Circle-Training – eine hocheffektive Form des Konditionstrainings

Das sind die wesentlichsten Vorzüge des Circle-Trainings bzw. Kreistrainings:

1. Breiter Anwendungsbereich – Leistungstraining, Schulsport, Fitneß-Training im speziellen Fitneß-Studio oder zu Hause. Selbst im Krankenbett sind Übungsprogramme nach dem Grundschema des Kreistrainings möglich!

2. Entwicklung, Wiederherstellung oder Erhalt der allgemeinen körperlichen Leistungsfähigkeit oder auch der Basis für eine spezielle sportliche Leistungsfähigkeit.

3. Im Zusammenhang mit bestimmten Trainingsmethoden können die Fähigkeiten Kraft, Schnelligkeit und Ausdauer sowie besonders deren Mischformen sehr effektiv und gezielt entwickelt werden.

4. Die Hauptmuskelgruppen (Arm-/Schultermuskulatur, Bauchmuskulatur, Beinmuskulatur, Rückenmuskulatur) werden in ständigem Wechsel belastet, Herz, Kreislauf, Atmung und Stoffwechsel dagegen ununterbrochen bzw. nach mehr oder weniger langen Pausen zwischen den Übungen fortlaufend.

5. Die individuelle Belastungsdosierung ist einfach zu ermitteln und aufgrund von Anfangsleistungen oder der Leistungsfortschritte nach Kontrolltests zu bestimmen.

6. Der Trainingseffekt ist als Leistungszuwachs durch erhöhte Anzahl der Übungswiederholungen in gleichbleibender Übungszeit oder durch verkürzte Übungszeit bei gleichbleibender Wiederholungszahl leicht und genau zu ermitteln.

7. Kontrollen der Herzschlagzahlen je Minute oder innerhalb von 10 Sekunden vor, sofort nach sowie in der 1., 2. und 3. Minute nach der Belastung lassen Grobeinschätzungen über die positiven oder negativen Veränderungen der Belastungs- und Erholungsfähigkeit zu.

8. Die hohe Effektivität des Circle-Trainings und seiner Varianten beruht auf der organisatorischen Möglichkeit, eine große Anzahl von Sportlern auf relativ kleinem Raum bei rationeller Nutzung der vorhandenen Trainingsmittel und -bedingungen (Halle, Kraftraum, Fitneß-Studio, Sportplatz, Übungsgeräte, Kraftapparate) gleichzeitig oder in schnellem Wechsel hintereinander üben bzw. trainieren zu lassen.

9. Die Verwendung von Leistungskarten gewährleistet
- die Kontrolle der Entwicklung bzw. die Beurteilung der Entwicklungstendenz der allgemeinen Fitneß oder der speziellen sportartspezifischen Leistungsfähigkeit;
- die Einschätzung der Wirksamkeit der ausgewählten Trainingsübungen und Belastungsvarianten;
- die Beurteilung des Entwicklungstempos der Leistungsfähigkeit in einem bestimmten Trainingsabschnitt mit exakter Zielstellung;
- die Neubestimmung der individuellen Trainingsdosierung im Sinne einer allmählichen, systematischen und grundsätzlich progressiven Belastungssteigerung mit Hilfe der Maximaltests;
- die Selbstkontrolle des aktuellen Trainings- und Leistungszustandes durch die Sportler und damit die Aufrechterhaltung oder Steigerung des Interesses am Circle-Training.

10. Kreistraining erzieht die Sportler zur
- Ehrlichkeit,
- Selbsteinschätzung der eigenen aktuellen Leistungsfähigkeit und Achtung vor den Leistungen anderer Sportler,
- Selbständigkeit beim Üben und Trainieren,
- Beharrlichkeit und Zielstrebigkeit beim Überwinden der Belastungsvorgaben.

11. Circle-Training fördert
- die psychophysische Mobilisationsfähigkeit im Zustand der sich beim Üben entwickelnden Ermüdung sowie
- die Herausbildung von Willensqualitäten und Selbstvertrauen.

2. Was wird mit Circle-Training erreicht?

Circle-Training und seine Varianten sind wirkungsvolle organisatorisch-methodische Formen des Kondititonstrainings.
Ziel ist die Entwicklung, die Wiederherstellung oder der Erhalt der konditionellen Fähigkeiten

- Kraft,
- Schnelligkeit,
- Ausdauer

und besonders deren komplexe Erscheinungsformen wie

- Kraftausdauer,
- Schnelligkeitsausdauer
- Schnellkraft.

Diese Fähigkeiten werden in Verbindung mit entsprechenden biologischen Funktionssystemen (Herz-Kreislauf-Atem-System; Stoffwechsel; Sensomotorik) und psychischen Eigenschaften (Willens- und Charaktereigenschaften) entwickelt.
Wirkungsgrad und Wirkungsrichtung der Trainingsbelastung im Kreistraining ist dabei direkt abhängig von der Durchführung des aus sicher beherrschten Übungen zusammengestellten Programms nach einer bestimmten Trainingsmethode (Dauerleistungsmethode; Intervallmethode extensiv und intensiv; Wiederholungsmethode) bei grundsätzlich individueller Belastungsdosierung.

3. Welche trainingsmethodischen Grundregeln sind zu beachten?

Unter Kraft versteht man ganz allgemein die Fähigkeit des Sportlers, äußere Widerstände durch Muskeltätigkeit zu überwinden bzw. äußeren Kräften entgegenzuwirken.
Der Charakter des Übens im Circle-Training – ganz gleich, nach welcher Variante – verlangt die Überwindung äußerer Widerstände durch Muskeltätigkeit. Von der Höhe der zu überwindenden Widerstände und der Pausenlänge zwischen den Übungen ist die Anzahl der möglichen Übungswiederholungen und damit die Entwicklung der Kraft in eine bestimmte Richtung abhängig.
Die Kraftfähigkeit wird differenziert in
- Maximalkraft,
- Schnellkraft,
- Kraftausdauer.

Welche trainingsmethodischen Grundregeln sind also für die Entwicklung der verschiedenen Kraftfähigkeiten zu beachten?

Maximalkraft ist die Fähigkeit des Sportlers, maximale, willkürliche Muskelkontraktionen auszuführen, um sehr hohe äußere Widerstände zu überwinden. Aufgrund dessen sind nur wenige Wiederholungen möglich. Die Pause zwischen den einzelnen Wiederholungen muß mindestens 3 bis 5 Minuten betragen. Nur so ist erneuter maximaler bis hoher Krafteinsatz im Bereich von etwa 90 bis 100% des Leistungsvermögens möglich!

Schnellkraft ist die Fähigkeit des Sportlers, äußere Widerstände mit hoher Kontraktionsgeschwindigkeit der Muskeln zu überwinden. Die Höhe der zu überwindenden Widerstände erfordert submaximalen bis hohen explosiven Krafteinsatz. Dadurch sind bei hohem Übungstempo etwa 4 bis 8 Wiederholungen hintereinander möglich. Zur Fortsetzung des Übens in gleicher Art und Weise ist eine Pause von etwa 90 bis 240 Sekunden notwendig.

Kraftausdauer ist die Fähigkeit des Sportlers, Kraftleistungen zur Überwindung hoher, mittlerer oder niedriger Widerstände über eine bestimmte Zeit mit hoher Ermüdungswiderstandsfestigkeit zu vollbringen.

Folgende **Regeln für das Kraftausdauertraining** mit unterschiedlich hohem Krafteinsatz gelten deshalb:

- Nach hohem Krafteinsatz im Bereich von etwa 70 bis 90% des maximalen Leistungsvermögens, etwa 6 bis 12 Wiederholungen pro Serie und zügigem Übungstempo, bewirkt eine unvollständige Erholungspause von etwa 60 bis 180 Sekunden die Entwicklung der Kraftausdauerfähigkeit mit hohem Krafteffekt.

- Nach mittlerem Krafteinsatz im Bereich von etwa 50 bis 70% des maximalen Leistungsvermögens, etwa 10 bis 30 Wiederholungen pro Serie, genügt eine relativ kurze Pause, eine sogenannte »lohnende« Pause, in der die Pulsfrequenz auf etwa 120 bis 130 Schläge/min zurückgegangen ist, zur Wiederherstellung der Leistungsfähigkeit, um das Üben fortsetzen zu können. Die Kraftausdauerfähigkeit entwickelt sich mit mittlerem Krafteffekt, aber hohem Ausdauereffekt.

- Bei geringem bis mäßigem Krafteinsatz im Bereich von etwa 40 bis 60% des maximalen Leistungsvermögens kann auf eine Unterbrechung des Übens selbst durch kurze unvollkommene, »lohnende« Pausen verzichtet werden. Die Kraftausdauerfähigkeit entwickelt sich mit geringer Kraftkomponente. Der Trainingseffekt besteht vorrangig in der Verbesserung der Ausdauerleistungsfähigkeit.

- Geringerer Krafteinsatz als etwa 30 bis 40% des maximalen Leistungsvermögens ist trainingsunwirksam.

4. Grundsätze für die Gestaltung des Circle-Trainings

Wer sich entschlossen hat, Circle-Training durchzuführen, muß sich vorher über folgende Dinge Klarheit verschaffen:
1. Was ist das Trainingsziel? (z. B. Kraftausdauer)
2. Welche Trainingsmethode gewährleistet die Erfüllung der angestrebten Zielstellung? (z. B. extensive Intervallmethode)
3. Unter welchem Gesichtspunkt wende ich das Circle-Training an? (allgemeine Fitneß oder sportartspezifische Konditionierung; Entwicklung, Wiederherstellung oder Erhalt eines bestimmten Konditions- bzw. Leistungszustandes)
4. Welche Übungen sind in der Sportlergruppe zweckmäßig und anwendbar?
5. Wo wird das Circle-Training durchgeführt? Welche Geräte stehen in welcher Anzahl zur Verfügung?

Auf den folgenden Seiten werden zur Klärung dieser und anderer Fragen in knapper Form Informationen gegeben, um Circle-Training den Bedingungen des Anwendungsbereiches (Alter, Geschlecht, Leistungszustand) sowie der Ziel- und Aufgabenstellung entsprechend sinnvoll und effektiv anwenden zu können.

Circle-Trainingsprogramme setzen sich aus etwa 6 bis 18 verschiedenen Körperübungen zusammen. Die Anordnung und die Reihenfolge der Übungen entspricht dem Symbol des Circle-Trainings (Bild 1). Demzufolge werden die Hauptmuskelgruppen

- Beine
- Bauch
- Arme/Schultern
- Rücken

entweder im ständigen Wechsel oder mehrmals hintereinander durch verschiedene Übungen beansprucht. Ganzkörperübungen sollten im angemessenen Verhältnis zur Anzahl der Übungen in jedem Trainingsprogramm enthalten sein.
Die leistungssichernden Funktionssyteme (Herz-Kreislauf-Atem-System; Stoffwechsel u. a.) werden in Abhängigkeit von der Durchführung des Trainingsprogramms nach einer bestimmten Trainingsmethode entweder ununterbrochen und relativ gleichförmig oder wellenförmig und mehr oder weniger stark belastet.

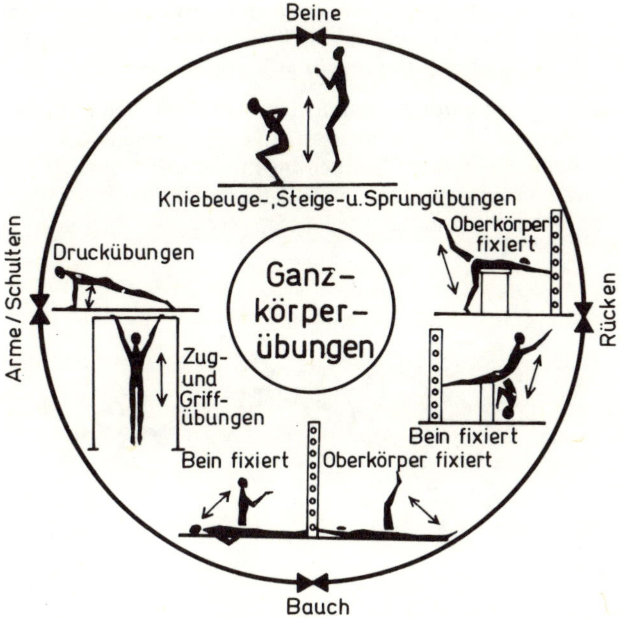

Bild 1: Symbol des Circle-Trainings – für die Auswahl der Übungen, für den Wechsel der Belastung der Hauptmuskelgruppen, für den organisatorischen Ablauf des Übens

Haupt-Trainingsmethoden
- Dauerleistungsmethode
- extensive/intensive Intervallmethode
- Wiederholungsmethode.

Die Auswahl der Übungen ist nach verschiedenen Gesichtspunkten vorzunehmen. Wesentlichste Aspekte sind dafür Zielstellung und Anwendungsbereich des Circle-Trainings.
Dabei sind folgende **Kriterien für die Auswahl der Übungen** von Bedeutung:

Art der Körperübungen. Sie muß vor allem der jeweiligen Ziel- und Aufgabenstellung entsprechen, z.B. Entwicklung oder Erhalt der allgemeinen Fitneß oder der speziellen leistungsbestimmenden Fähigkeiten in einer bestimmten Sportart.
Man unterscheidet daher zwischen
- allgemeinen Konditionsübungen,
- speziellen bzw. sportart- oder disziplinspezifischen Konditionsübungen.

Anwendbarkeit der Übungen im vorgesehenen Anwendungsbereich. Zum Beispiel einfache, unkomplizierte Übungen ohne Zusatzlast zur eigenen Körpermasse bei Anfängern und Kindern.

Zählbarkeit der Wiederholungen durch klare Ausgangs- und Endpositionen der Übung (z. B. Kniebeugen aus einer bestimmten Kniewinkelstellung; Armbeugen und -strecken im Liegestütz; Klimmziehen im Streckhang oder Schrägliegehang; Anheben der Beine bis zur Waagerechten im Streckhang u. ä.)

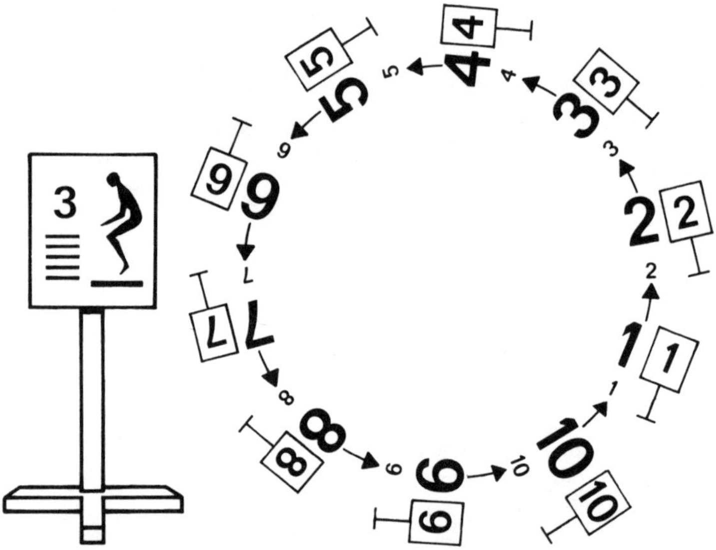

Bild 2: Kennzeichnung der Übungsstationen

Anstrengungsgrad der Übungen. Unabhängig vom Anwendungsbereich gilt:

Übungen zur Entwicklung der Bein-, Arm- und Schultermuskulatur (z. B. Kniebeugen, Sprünge, Liegestütze, Klimmzüge u. ä.) sowie Ganzkörperübungen (z. B. Stangenklettern, Sandsackschwingen, Liegestützwechselhüpfen mit Strecksprung u. ä.) stellen bei zügiger Ausführung grundsätzlich hohe Anforderungen an die leistungssichernden Funktionssysteme (Herz-Kreislauf-Atem-System; Stoffwechsel).

Übungen im Sitzen oder Liegen zur Entwicklung der Bauch-, Rücken- und Brustmuskulatur (z. B. Anhocken und Strecken der Beine im Schwebesitz; Aufrichten aus der Rückenlage zum Hockstand u. ä.) sind aufgrund ihrer Bewegungsstruktur auch bei schneller Ausführung weniger belastungsintensiv.

Der unterschiedliche Anstrengungsgrad der Übungen ist bei ihrer Anordnung in einem Kreistrainingsprogramm zu beachten. Durch den bewußten Wechsel zwischen mehr und weniger belastungsintensiven Übungen ist es möglich, die Entstehung der Ermüdung, den Belastungscharakter des Gesamtprogramms und damit den Trainingseffekt in gewissem Maße zu steuern.

Zwischen Anstrengungsgrad und Entwicklungsziel bestehen ganz bestimmte Wechselbeziehungen. Im Zusammenhang mit der Anzahl der Wiederholungen und dem gewählten Pausenregime entscheidet der Anstrengungsgrad im wesentlichen über den Trainingseffekt. Im allgemeinen gilt sowohl unter der Zielstellung der allgemeinen als auch der speziellen Konditionierung die in Tabelle 1 dargestellte Zuordnung von Fähigkeit, Intensitätsbereich und Wiederholungsanzahl.

Dem Charakter des Kreistrainings entsprechend sollte der Anstren-

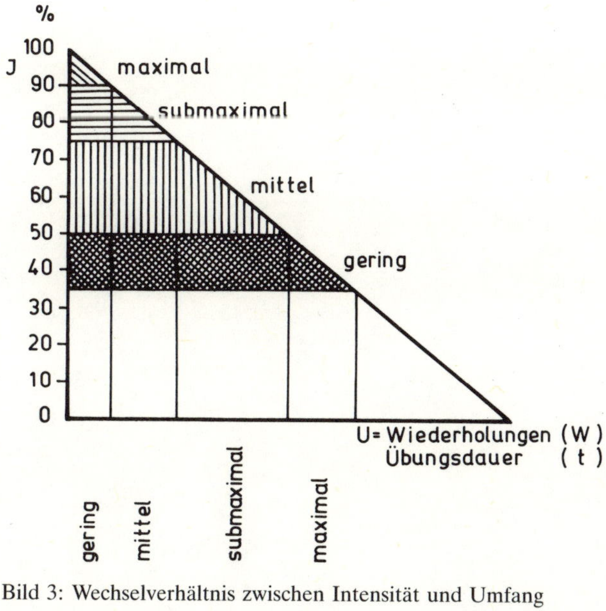

Bild 3: Wechselverhältnis zwischen Intensität und Umfang

gungsgrad der Übungen unabhängig vom Anwendungsbereich und der jeweiligen Zielstellung so gewählt werden, daß von jeder Übung etwa 6 bis 40 Wiederholungen in jeder Serie bzw. an jeder Übungsstation absolviert werden können.
Die Trainingsbelastung wird unter dem Aspekt der allgemeinen Konditionierung in der Regel von einem sogenannten Maximaltest abgeleitet und somit grundsätzlich individuell dosiert.
Für die spezielle Konditionierung wird sie entweder durch einen speziell »getimten« Maximaltest ermittelt oder vom Trainer entsprechend der Leistungsklassifikation und dem aktuellen Niveau des Trainingszustandes der Sportler in bestimmten Bereichen vorgegeben.

Tabelle 1 Abhängigkeit zwischen Trainingsziel und Belastungsbereichen (Übungsintensität und Übungsumfang)

Ziel/ Fähigkeit	Anstrengungsgrad/ Intensitätsbereich	Anzahl der Wiederholungen (je Übung)	(Serien)
Maximalkraft	maximal – submaximal	1–3	3–8
Schnellkraft	submaximal – hoch	4–8	1–3
Schnellkraft-ausdauer	hoch – mittel	8–15	3–6
Kraftausdauer	mittel – niedrig	15–30	3–6
Ausdauer(-kraft)	niedrig – mittel	über 30	3–10

5. Vorbereitung und Durchführung des ersten Maximaltest (MT)

Die Einführung des Circle-Trainings in eine Trainingsgruppe mit dem ersten Maximaltest muß sorgfältig vorbereitet werden. **Die Vorbereitung erfolgt in sechs Schritten.**

1. Zusammenstellung oder Auswahl der Übungsprogramme unter Berücksichtigung der Zielstellung des Circle-Trainings im Anwendungsbereich (z. B. Schulsport, Verein, Leistungssport, Rehabilitationssport) und der dargestellten Grundsätze;

2. Vorbereitung von Leistungskarten (s. Tabelle 2);

3. Vorbereitung von Markierungskarten mit der Aufschrift der Stationsnummer, der Übungsbezeichnung und -beschreibung oder mit einer Zeichnung (Abb. 2);

4. Markierung der Übungsstationen nach Besichtigung der konkreten Trainingsbedingungen in Schulturnhalle, Trainingshalle, Kraftraum, Fitneß-Studio;

5. Probedurchgang durch den Sportlehrer oder Trainer, um notwendige Korrekturen am Übungsprogramm und an den Trainingsbedingungen vorzunehmen.

6. Bereitstellung und Überprüfung zusätzlicher Geräte wie Stoppuhren, Signalgeber (Trillerpfeife, Hupe, Metronom), Kassettengerät.

Nach diesen Vorbereitungsschritten kann der erste Maximaltest wie folgt durchgeführt werden:

1. Der Sportlehrer oder Trainer verteilt die Sportler auf die durch Karten mit Nummern und Strichmännchen gekennzeichneten Übungsstationen oder an die verschiedenen „Kraftapparate".

2. Erklärung der Übungen, deren Ausführung mit klarer Ausgangs- und Endposition für die Zählweise.

3. Probeversuche durch die Sportler an den einzelnen Stationen (Übungsausführung, Wechsel zur nächsten Station usw.). Sie stellen bei Unklarheiten Fragen.

4. Die Sportler erhalten die Leistungskarten (evtl. wurden diese von den Sportlern selbständig angefertigt!), einen Bleistift sowie Hinweise für die Art und Weise der Eintragungen auf der Leistungskarte.

5. Die Sportler markieren ihre „Start-Station" auf der Leistungskarte.

Tabelle 2

Leistungskarte

Name: **Alter/Klasse** ______/______ **angef.:** __________ **beend.:** __________

	Datum			1. Wo	2. Wo	3. Wo	4. Wo	5. Wo		6. Wo	7. Wo	
	Übungen	Max.-Test	$\frac{MW}{2}$	$\frac{MW}{2}\times 2$	$\frac{MW}{2}\times 3$	$\frac{MW}{2}\times 3$	$\frac{MW}{2}\times 4$	2. MT	$\frac{MW}{2}$	$\frac{MW}{2}\times 3$	$\frac{MW}{2}\times 5$	3. MT
1												
2												
3												
4												
5												
6												
7												
8												
9												
10												
	Übungsumfang											
	Übungszeit											
	Zielzeit											
	Puls vor der Belastung											
	Puls nach der Belastung											
	Puls nach 1 min Pause											

6. Nochmaliger und letzter Hinweis durch den Sportlehrer oder Trainer auf exakte Übungsausführung („Die Qualität der Übungsausführung bestimmt das Übungstempo und nicht umgekehrt!"); Zählweise der Übungswiederholungen, Pulsmessung u. ä. falls notwendig.
7. Startsignal: Alle Sportler beginngen gleichzeitig. Die Übungszeit beträgt
- im Schulsport und bei allgemeinen Fitneß-Gruppen 30 s,
- im Leistungssport in Abhängigkeit vom Charakter der Sportart und dem Entwicklungsziel 20/30/45/60/90/120 s.

Das vereinbarte akustische Signal beendet die Übungszeit. Gut bewährt hat sich der Einsatz eines Kassettengerätes mit einem attraktiven Tonsignal für die Ankündigung von Beginn und Ende des Übens. Rhythmische Musik kann die Sportler während des Übens zu hoher Leistungsbereitschaft motivieren und stimulieren.
Die Pause beträgt
- im Schulsport und bei allgemeinen Fitneß-Gruppen 30 s,
- im Leistungssport 30 bis 60 s.

8. In der Pause wird
- die Anzahl der Wiederholungen in die Leistungskarte eingetragen,
- zur nächsten Station gewechselt,
- die Ausgangsstellung für die neue Übung eingenommen.

Bei Ertönen des Startsignals wird erneut mit dem Üben begonnen.
9. Der Maximaltest dauert bei einem Übungsprogramm aus zehn Übungen und dem normalerweise häufigsten Belastungs-Pausen-Verhältnis von 30 s: 30 s genau 10 min.
10. Sofort nach Beendigung des Maximaltests wird
- der Nachbelastungspuls innerhalb einer Meßzeit von 10 s ermittelt,
- der Pulsmeßwert in die Leistungskarte eingetragen.

Ebenso verfährt man mit den Pulsmeßwerten nach der 1., 2. und 3. Minute.
Erst nach den Pulsfrequenzmessungen, falls vorgesehen, werden die Sportler aufgefordert, die an den einzelnen Stationen erzielten Wiederholungen zusammenzuzählen und in der entsprechenden Spalte der Leistungskarte einzutragen.

6. Bestimmung der individuellen Belastungsdosierung

Die bei Maximaltest an den einzelnen Stationen erreichten Wiederholungen (MW) sind der Ausgangspunkt für die Bestimmung der individuellen Belastungsdosierung in der vorgesehen Übungs- bzw. Trainingsperiode.
Die Trainingsbelastung wird dabei in der Regel wie folgt festgelegt:
Im Schulsport und allgemeinen Fitneß-Gruppen:

Die Hälfte der Maximalwiederholungen
$\frac{(MW)}{2}$
in einer bis sechs Serien oder Durchgängen, z. B.
$\frac{MW}{2} \times 1$ oder $\frac{MW}{2} \times 3$.
Im Leistungssport oder auch in speziellen Fitneß-Gruppen („body-building“, „body-styling“):
Entweder ebenfalls mit
$\frac{MW}{2}$ oder $\frac{2\,MW}{3}$ oder

als Prozentvorgabe (60–100%) in einem bis mehreren Durchgängen und Serien oder nach Vorgabe der Trainingsbelastung (Wiederholungen, Höhe der Zusatzlast/des zu überwindenden Widerstandes) an den Stationen in einer bis mehreren Serien bzw. Durchgängen.

7. Formen der Belastungssteigerung

Die Belastung des gewählten Standardübungsprogramms sollte im Verlauf einer bestimmten Anwendungszeit von mindestens drei Wochen (bzw. innerhalb eines Mesozyklus von 3 bis 6 Wochen) progressiv erhöht werden. Möglichkeiten dazu ergeben sich durch Steigerung

- des Übungsumfangs (Anzahl der Wiederholungen je Station oder Anzahl der Serien bzw. Durchgänge);
- der Übungsdauer (Verlängerung der Übungszeit je Station; Anzahl der Serien bzw. Durchgänge; Anzahl der Übungsstationen);
- der Übungsintensität (erhöhter Krafteinsatz/Zeiteinheit durch Steigerung der Übungsfrequenz, durch Erhöhung der Zusatzlasten oder der zu überwindenden Widerstände bzw. durch anstrengendere Übungen);
- der Übungsdichte (Verkürzung oder Wegfall der Pausen zwischen den einzelnen Übungsstationen, Serien oder Durchgängen);
- der Übungshäufigkeit (Häufigkeit des Circle-Trainings je Woche bzw. Mikrozyklus);
- Wechsel der Trainingsprogramme (von anfangs leichtem, dann mittlerem bis schwerem Belastungscharakter).

Welche Belastungskomponente progressiv erhöht wird, ist abhängig von der Zielstellung des Circle-Trainings und vom Anwendungsbereich!

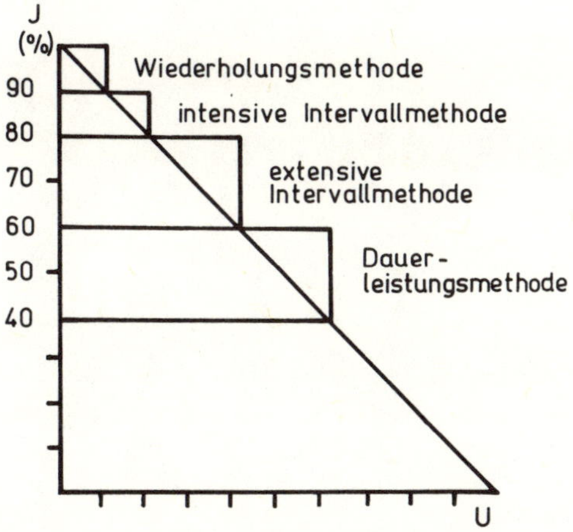

Bild 4: Belastungsbereiche für die Grundmethoden zur Entwicklung und Vervollkommnung der konditionellen Fähigkeiten (I = Intensität, U = Umfang)

Unabhängig davon gilt als Regel: Die Gesamtbelastung eines Trainingsprogramms sollte durch die progressive Veränderung eines oder zweier Belastungsfaktoren gesteigert werden. Die gleichzeitige progressive Steigerung mehrerer oder gar aller Belastungskomponenten ist nicht zweckmäßig.

Die einfachste Form der Belastungsteigerung, besonders für die Anwendungsbereiche Schulsport, Freizeitsport, Rehabilitationssport, ist die regelmäßige Durchführung von Maximaltests nach bestimmten Zeitabständen. Von ihnen wird die neue individuelle Belastungsdosierung abgeleitet!

8. Wovon ist der Trainingseffekt abhängig?

Die Trainingswirkung gezielter Belastungen nach den Varianten des Circle-Trainings ist insgesamt abhängig von

- der Auswahl der Übungen,
- der Anordnung und Reihenfolge der Übungen im Übungsprogramm,
- dem allgemein- oder speziell entwickelnden Charakter der Übungen aufgrund ihrer Bewegungsstruktur und Belastungsanforderungen,
- dem Anstrengungs- und Schwierigkeitsgrad der Übungen,

aber vorrangig von

- der Gestaltung und Durchführung des Circle-Trainings nach einer bestimmten Trainings- bzw. Belastungsmethode (Dauerleistungsmethode, extensive/intensive Intervallmethode, Wiederholungsmethode).

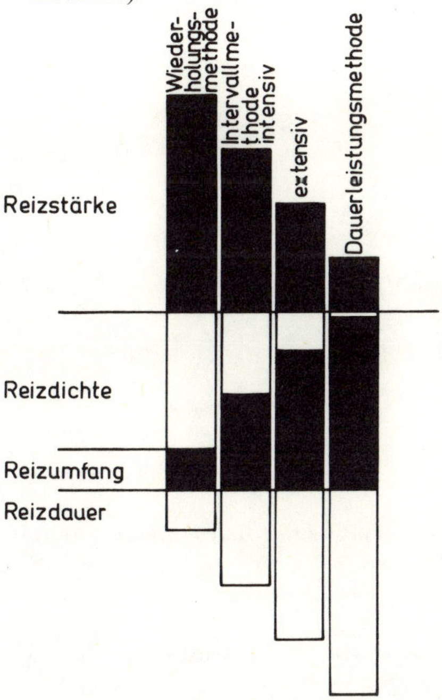

Bild 5: Prinzipdarstellung des unterschiedlichen Stellenwertes der Belastungsmerkmale bei den Grundmethoden. Er bestimmt das Wesen, Charakter und Größe der Trainingsbelastung und damit den Trainingseffekt der Trainingsmethode

Wie aus den Tabellen 3, 4, 5, 6 und den Bildern 3, 4, 5 hervorgeht, ist die quantitative Bestimmung der Belastungsfaktoren und ihre gegenseitige Beziehung bei den einzelnen Trainingsmethoden unterschiedlich. Dadurch verändern sich Charakter, Wesen und Trainingseffekt der vier Grundmethoden des Trainings und der Belastung. Dabei sind die Veränderungen der Belastungsfaktoren und damit der Übergang von einer Methode zur anderen fließend (Bild 3 und 5). Gleiche Übungen oder ganze Übungsprogramme erhalten bei ihrer Ausführung nach einer bestimmten, aber unterschiedlichen Belastungsgestaltung einen entsprechenden bestimmten und möglicherweise völlig anderen Belastungscharakter. Daraus erklärt sich die Tatsache, daß mit der gleichen „Kraftübung", wie z. B. dem Stoßen der Scheibenhantel, aufgrund der Veränderung des Belastungscharakters und der methodischen Gestaltung des Übens entweder Maximalkraft, Schnellkraft oder auch Kraftausdauer entwickelt werden kann.
Die Trainingswirkung des Circle-Trainings und seiner Varianten resultiert also vordergründig nicht aus der typischen Organisationsform des Übens, sondern aus der richtigen Gestaltung und Durchführung der Programme nach einer Belastungsmethode.

Wiederholungsmethode

Trainingsmethode zur Ausbildung von
Maximalkraft
Schnellkraft
(Kraftausdauer)
mit überwiegend anaerober Energieumwandlung durch intervallartige Belastungscharakteristik.
Die wichtigsten Variablen zur Steuerung der Belastungsanforderungen (maximal-submax.) sind

- Intensität (Krafteinsätze, Bewegungsfrequenz, Geschwindigkeit)
- Dauer der Einzelbelastungen
- Dauer der Erholungsintervalle sowie deren Gestaltung und Gesamtumfang.

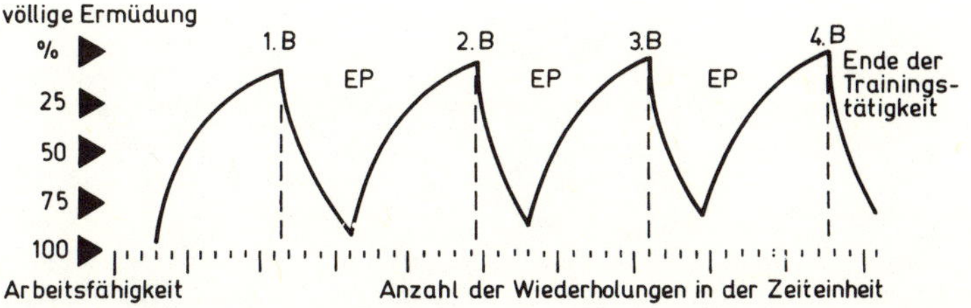

Bild 6: Schematische Darstellung der Wiederholungsmethode (B = Belastung; EP = Erholungsphase)

Tabelle 3 Überblick über die Varianten des Circle-Trainings / Wiederholungsmethode

Reizstärke (im Verhältnis zur Bestleistung)	maximal – submaximal
Reizdichte	2–5 min Serienpause (SP); 1–5 min Pause nach jeder Übung
Reizumfang	niedrig 1–3 W/S (Wiederh./Serie) 20–30 Einzelwiederh./Übung
Reizdauer	kurz/Einzelübung 5–30 s/S 90–120 min Gesamtzeit
Trainingseffekt	Maximalkraft Schnellkraft (Kraftausdauer)
Päd.-psychol. Wirkung	Willensstoßkraft psychophysische Mobilisationsfähigkeit
Physiologische Wirkung	Muskelquerschnitt sensomot. Koord., Energiepotential, Stoffwechsel
Charakter der Übungen	allg. u. spez. Übungen mit Zusatzlast
Varianten	Stationstraining = Einzelübg. od. Serien Satztraining in Serien Pyramidensystem 8–6–4–2–1–2–4–6–8
Maximaltest (MT)	Ermittlung d. max. Leistungsfähigkeit bei jeder Übung ohne Zeitbegrenzung
Anwendungsbereich	• Leistungstraining • allg. u. spez. Konditionierung f. Kraft- u. Schnellkraftsportarten • Freizeitsport (kraftorientiert) • Schulsport nicht anwendbar

Intervallmethode – intensiv

Trainingsmethode zur Ausbildung von
Schnellkraft
Kraftausdauer
(Maximalkraft)
mit vorwiegend anaerober bzw. aerob-anaerober Energieumwandlung und mit intervallartiger Belastungscharakteristik.
Die wichtigsten Variablen zur Steuerung der Belastungsanforderungen (submaximal-hoch) sind

- Belastungsintensität (Geschwindigkeit, Bewegungsfrequenz bzw. Krafteinsatz pro Zeiteinheit)
- Dauer der Einzelbelastungen (zeitliche Dauer, Strecke, Anzahl an Bewegungswiederholungen je Serie)
- Dauer der Erholungsintervalle sowie deren Gestaltung und Gesamtumfang

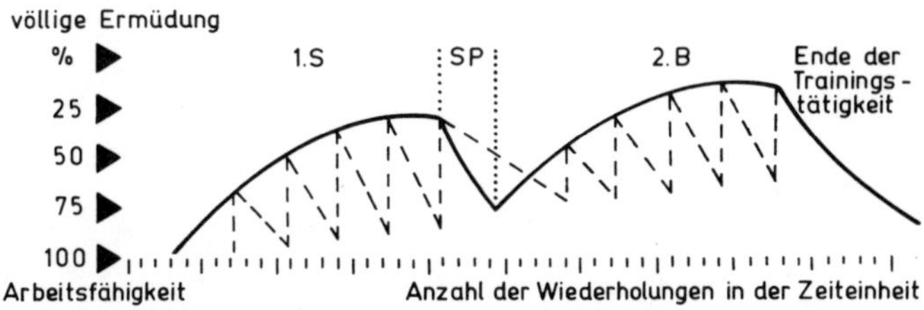

Bild 7: Schematische Darstellung der intensiven Intervallmethode (S = Serie; SP = Serienpause)

Tabelle 4 Überblick über die Varianten des Circle-Trainings / Intervallmethode intensiv

Reizstärke (im Verhältnis zur Bestleistung)	maximal – submaximal
Reizdichte	90–180 s SP; 30–45 s Pause nach jeder Station
Reizumfang	mittel 4–8 W/S 6–12 W/St
Reizdauer	10–20 s/St 10–60 min Gesamtzeit
Trainingseffekt	Schnellkraft Kraftausdauer (Maximalkraft)
Päd.-psychol. Wirkung	Willensstoßkraft psychophysische Mobilisationsfähigkeit
Physiologische Wirkung	Sensomot. Koord. Energiepotential Stoffwechsel Pufferkapazität
Charakter der Übungen	allg. u. spez. Übungen mit/ohne Zusatzlast
Varianten	Stations- u. Satztraining Circle-Training intensiv
Maximaltest (MT)	Üb. mit Zusatzlast = MT ohne Zeitbegrenzung Üb. mit/ohne Zusatzlast 30 s Üb.: 30 s Pause
Anwendungsbereich	• Leistungstraining • allg. u. spez. Konditionierung f. Kraft-, Schnellkraft- u. Ausdauersportarten • Freizeitsport (kraftorientiert) • Schulsport ab 7. Kl.

Intervallmethode – extensiv

Trainingsmethode zur Ausbildung von
Kraftausdauer
Ausdauer
mit vorwiegend aerober Energieumwandlung und intervallartiger Belastungscharakteristik.
Die wichtigsten Variablen zur Steuerung der Belastungsanforderungen (hoch-mittel) sind

- Belastungsintensität (Geschwindigkeit, Bewegungsfrequenz bzw. Krafteinsatz pro Zeiteinheit)
- Dauer der Einzelbelastungen (zeitliche Dauer, Strecke, Anzahl an Bewegungswiederholungen je Serie)
- Dauer der Erholungsintervalle sowie deren Gestaltung und Gesamtumfang.

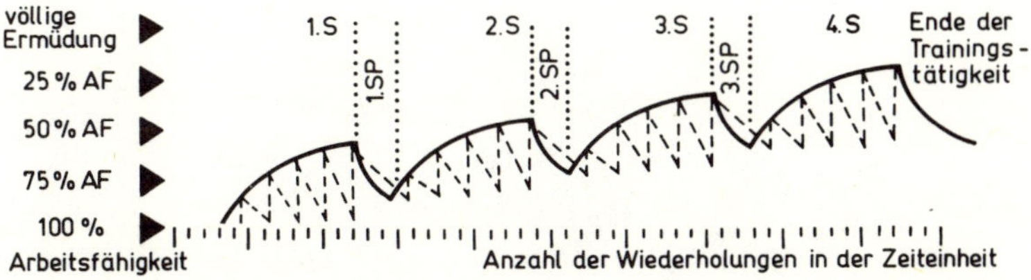

Bild 8: Schematische Darstellung der extensiven Intervallmethode (S = Serie; SP = Serienpause)

Tabelle 5 Überblick über die Varianten des Circle-Trainings / Intervallmethode extensiv

Reizstärke (im Verhältnis zur Bestleistung)	hoch – mittel
Reizdichte	60–180 s SP; 30 s Pause nach jeder Station
Reizumfang	hoch 10–20 W/S 15–20 W/St
Reizdauer	15–30 s/St 10–40 min Gesamtzeit
Trainingseffekt	Kraftausdauer Ausdauer
Päd.-psychol. Wirkung	Willensspannkraft Ermüdungswiderstandsfähigkeit
Physiologische Wirkung	Herz-Kreisl.-Regul. Stoffwechsel Pufferkapazität
Charakter der Übungen	allg. u. spez. Übungen ohne/mit Zusatzlast
Varianten	Circle-Training extensiv
Maximaltest (MT)	30 s Üb.: 30 s Pause
Anwendungsbereich	• Leistungstraining • allg. u. spez. Konditionierung f. Ausdauersportarten • allg. Kond. f. Kraft-, Schnellkraftsportarten • Freizeitsport (kraft- u. ausdauerorientiert) • Schulsport ab 5. Kl.

Dauerleistungsmethode

Trainingsmethode zur Ausbildung von
Ausdauer
Kraftausdauerfähigkeiten
(aerobe Kapazität).
Die wichtigsten Variablen zur Belastungssteuerung sind

- Dauer der Einzelbelastungen
- Dauer der Gesamtbelastung.

Trainingseinheit (nicht kürzer als 30 min – häufig länger) mit mittlerer bis niedrigerer Intensität sowie gleichmäßigem oder wechselndem Tempo.

Bild 9: Schematische Darstellung der Dauerleistungsmethode

Tabelle 6 Überblick über die Varianten des Circle-Trainings / Dauerleistungsmethode

Reizstärke (im Verhältnis zur Bestleistung)	mittel – niedrig
Reizdichte	keine Pause
Reizumfang	hoch – 10–40 W/St
Reizdauer	3–5min/Durchgang 10–30 min Gesamtzeit
Trainingseffekt	Ausdauer Kraftausdauer
Päd.-psychol. Wirkung	Willensspannkraft Durchhaltevermögen Ermüdungswiderstandsfähigkeit
Physiologische Wirkung	Herz-Kreisl.-Regul. aerobe Kapazität Stoffwechsel
Charakter der Übungen	allg. u. spez. Übungen ohne (mit) Zusatzlast
Varianten	Circle-Training/ Circuit-Training mit Zielzeit
Maximaltest (MT)	30 s Üb.: 30 s Pause
Anwendungsbereich	• Leistungstraining • allg. u. spez. Konditionierung f. Ausdauersportarten • allg. Kond. f. Kraft- u. Schnellkraft-sportarten • Freizeitsport (ausdauerorientiert) • Schulsport ab 5. Kl.

9. Übungen und ihre Wirkungen

Übungen zur Entwicklung der Beinmuskulatur
1. Kniebeugen – a) beidbeinig, b) einbeinig
2. Schritt- und Steigeübungen
3. Hüpf- und Sprungübungen – ohne, mit und am Gerät

Übungen zur Entwicklung der Arm- und Schultermuskulatur
1. Druckübungen (Streckbewegungen)
2. Zugübungen (Beugebewegungen)
3. Griffübungen (Halte- und Wickelbewegungen)

Übungen zur Entwicklung der Bauchmuskulatur
1. Oberkörper wird zu den fixierten Beinen bewegt
2. Beine werden zum fixierten Oberkörper bewegt
3. Oberkörper und Beine bewegen sich zueinander
4. Übungen mit der Scheibenhantel

Übungen zur Entwicklung der Rückenmuskulatur
1. Oberkörper heben und senken – Beine fixiert
2. Beine heben und senken – Oberkörper fixiert

Ganzkörperübungen

Partnerübungen
1. für Beinmuskulatur
2. für Arm- und Schultermuskulatur
3. für Bauchmuskulatur
4. für Rückenmuskulatur.

9.1. Übungen zur Entwicklung der Beinmuskulatur

(Die in Klammern angegebenen Zahlen geben die Nummern der zugehörigen Übungsabbildung an – S. 47–73)

1. a) Kniebeugeübungen beidbeinig
Viertelkniebeuge = 120° Winkelstellung im Kniegelenk (1)
Halbe Kniebeuge = 90° Winkelstellung im Kniegelenk (27)

Tiefkniebeuge = 30° Winkelstellung im Kniegelenk (3, 4) ohne und mit zusätzlicher Belastung zum Körpergewicht, z. B.: Medizinball (2), Reckstange (5 a, b), Kurzhantel (6a–c), Rundgewichte, ohne und mit Heben in den Zehenstand (5 b, 8 b), Sandsack 7 a–c), Scheibenhantel (8 a, b), Gewichtsweste, Partner (9 a, b)

1. b) Kniebeugeübungen einbeinig

– am Boden mit und ohne Festhalten (10 a, b; 11 a, b)
ohne und mit zusätzlicher Belastung zum eigenen Körpergewicht (12 a, b; 13 a, b)
– an Geräten: Stuhl (14 a, b), Langbank (15 a–c), ohne und mit zusätzlicher Belastung zum eigenen Körpergewicht (14, 15)

2. Schritt- und Steigeübungen

Links aufsteigen – rechts nachsteigen, links rückwärts absteigen usw.
– an der Langbank (16 a, b)
– am Kasten
ohne und mit zusätzlicher Belastung zum eigenen Körpergewicht, z. B.: Medizinball, Sandsack, Scheibenhantel, Rundgewichte, Kurzhanteln (17 a, b), Gewichtsweste, Partner
oder links aufsteigen – rechts absteigen – halbe Drehung, rechts aufsteigen – links absteigen – halbe Drehung usw. – am Kasten
ohne und mit zusätzlicher Belastung zum eigenen Körpergewicht (18 a–f)

3. Hüpf- und Sprungübungen

Hüpfen ohne Geräte – beidbeinig (19), einbeinig (20)
am Ort, vorwärts und seitwärts
ohne und mit Anreißen beider Knie oder des Sprungbeinknies zur Brust

Strecksprünge – ohne und mit Anhocken der Beine (19, 20)
ohne und mit zusätzlicher Belastung zum eigenen Körpergewicht (21, 22), z. B.: Kurzhanteln, Sandsack im Nacken, Gewichtsweste, Scheibenhantel (22 a, b)

Hockstrecksprünge – am Ort, vorwärts und seitwärts – ohne und mit Anhocken der Beine ohne und mit zusätzlicher Belastung zum eigenen Körpergewicht (23)

Sprünge am Gerät oder über Hindernisse
Strecksprünge – beidbeinig, einbeinig
vorwärts und seitwärts – ohne und mit Anhocken der Beine über Sprungbahn aus Medizinbällen (24; 25 a, b), Kastenteilen, Hürden ohne und mit Zwischenhupf (26)

Hockstrecksprünge – beidbeinig – vorwärts wie oben (27)

Strecksprünge und *Hocksprünge*
ohne und mit Zusatzbelastung zum eigenen Körpergewicht, z. B. Kurzhanteln, Rundgewichte, Sandsack im Nacken (28 a, b), Gewichtsweste

Sprünge auf den Kasten – aus dem Stand oder Hockstand
ohne und mit zusätzlicher Belastung zum eigenen Körpergewicht (30, 31)

Sprünge über die Langbank – laufende Strecksprünge seitwärts beidbeinig (32 a–c) oder einbeinig (33 a, b) – ohne oder mit Anhocken der Beine (34 a, b)
ohne oder mit Zusatzbelastung zum eigenen Körpergewicht, z. B.: Medizinball, Sandsack, Kurzhanteln, Rundgewichte, Gewichtsweste

Strecksprünge einbeinig – Abdruck von der Bank
ohne und mit zusätzlicher Belastung zum Körpergewicht (35 a, b)

Laufende Hocksprünge aus dem Seitgrätschstand (36)
aus dem Grätschstand – Bank zwischen den Beinen
Aufsprung auf die Bank – am Ort und in der Vorwärtsbewegung (37 a, b)
ohne und mit Anhocken der Beine bis zur Brust
ohne und mit zusätzlicher Belastung zum eigenen Körpergewicht (38 a–c), z. B.: Kurzhanteln, Rundgewichte, Sandsack im Nacken, Gewichtsweste

Hüpfen und Strecksprünge mit Sprungseil
aus dem Stand sowie ohne und mit Anhocken der Beine (39)
Hüpfen in der Hockstellung – ohne (40 a, b) und mit Sprungseil (41)
Sprungseil mit einer Hand unter den Füßen hindurch schwingen (42)

Hüpfen in der Hockstellung
ohne und mit zusätzlicher Belastung zum eigenen Körpergewicht (43 a, b), z. B.: Sandsack im Nacken, Scheibenhanteln, Rundgewichte, Gewichtsweste, Kugeln
ohne und mit gleichzeitigem Vorschnellen beider Beine (43 b) mit wechselndem Vorschnellen der Beine (Kosakentanz – 44 a, b)
ohne und mit Partner (168 a, b)
Scheibenhantel im Nacken
Heben in den Zehenstand – ohne und mit leichtem oder kräftigem Absprung (22 a, b)

aus der halben Kniebeuge mit kräftigem Absprung – Heben in den Zehenstand am Sprungbrett

Hockstrecksprünge an zwei Kästen – mit Rundgewicht, Kurzhantel, Sandsack

Entengang
ohne und mit zusätzlicher Belastung zum eigenen Körpergewicht (46 a, b), z. B.: Medizinball, Sandsack, Scheibenhantel, Gewichtsweste

9.2. Übungen zur Entwicklung der Arm- und Schultermuskulatur

1. Druckübungen – Streckbewegungen

Arme beugen und strecken (= Liegestütz)
an Wand (47 a–c), Tisch, Stuhl, Turnbank u. ä. (48 a, b)
von der Turnbank, vom Kasten oder Stuhl aus: Oberschenkel liegen auf (49 a, b)
Unterschenkel liegen auf (50 a, b)
Fußspitzen stützen auf (51 a, b)
– auf den Händen – auf den Fingerspitzen
mit zusätzlicher Belastung zum eigenen Körpergewicht, z. B.: Sandsack im Nacken, Gewichtsweste
Liegestütz am Boden – auf den Handflächen (52 a, b)
auf den Fingerspitzen (53 a, b)
mit zusätzlicher Belastung zum eigenen Körpergewicht, z. B.: Sandsack im Nacken, Partner
Liegestütz mit Handklatsch – Abschnellen vom Boden mit Händen und Füßen (54 a, b)
Liegestütz mit Abschnellen vom Boden mit Partnerunterstützung (173)
– in der Vorwärtsbewegung
– auf einen Kastendeckel und zurück
– mit Sandsack im Nacken, Gewichtsweste

Armbeugen und -strecken am Barren (schulter- und kopfhoch)
Sprung in den Stütz am Barrenende – Niedersprung
– mit Armbeugen – Niedersprung
– mit sog. „Pumpen“ – ohne oder mit Schwung (55 a, b)

Armbeugen beim Vorschwung, Rückschwung, beim Vor- und Rückschwung, ohne Schwung (59 a–d)
mit zusätzlicher Belastung zum eigenen Körpergewicht, z. B.: Medizinball zwischen den Beinen, Sandsack an den Beinen, Gewichtsschuhe
– mit Vorhalte der Beine – auch an zwei Stühlen (56, 57, 58)

Liegestütz rücklings
– am Kasten, Tisch oder zwischen zwei Kästen (60 a, b)

Stoßen oder Drücken (61, 62)
– mit Reckstange oder Scheibenhantel – beid- oder einarmig
– im Stand mit Ausfallschritt (61 b)
ohne Ausfallschritt – beidarmig, einarmig (63 a–c)
Stoßen von der Brust aus nach vorn – im Stand (64 a, b)
Drücken von der Brust aus – im Stand vor dem Kopf (65 a, b), hinter dem Kopf (66 a, b)
aus der Rückenlage – Bank (67 a, b)
Stoßen oder Drücken mit Rundgewichten oder Kurzhanteln
– im Stand von der Brust aus (68 a, b)
– aus der Rückenlage beide Arme gleichzeitig oder rechts und links im Wechsel (69 a, b)
Stoßen oder Drücken der Scheibenhantel oder auch von Rundgewichten
– mit Umsetzen bzw. Hochheben aus dem Stand (70 a–c) – aus dem Sitz (71, 72)

Expanderziehen – vor der Brust (73 a, b) – hinter dem Rücken beidarmig (74 a, b), einarmig

Stoßen (Medizinball, Kugel, Stein, Baumstamm)
beidhändig bzw. beidarmig – aus der Grundstellung
aus der Grätschstellung
aus der Schrittstellung
Stoßen des Medizinballs auch gegen die Wand – auffangen einarmig – aus der Schrittstellung – aus der Seitgrätschstellung

2. Zugübungen (Beugebewegungen der Arme bzw. Zug mit gestreckten Armen zum Körper oder vom Körper weg)

– mit Ristgriff, Kammgriff oder Zwiegriff

Klimmziehen (gleichzeitig Griffübung = Haltebewegung)
– mit Ristgriff (75 a, b), Kammgriff (76 a, b) oder mit Zwiegriff (84 a, b)

Klimmziehen aus dem Liegehang
- mit Ristgriff (77 a, b), Kammgriff (81 a, b) oder mit Zwiegriff (84 a, b)
- am tiefen Reck, Barren, Stufenbarren, Schwebebalken (78 a, b), Tisch und an den Ringen
- Fersen am Boden (77, 78, 80, 84) oder höher als die Schultern (79, 82, 83)

mit zusätzlicher Belastung zum eigenen Körpergewicht, z. B.: Gewichtsweste, Sandsack (80, 83), Partner (85)
Klimmziehen (mit Ansprung)
- am Reck (sprunghoch – 86 a, b), Balken, an der Leiter (87 a–c), an den Ringen

mit zusätzlicher Belastung zum eigenen Körpergewicht, z. B.: Gewichtsweste, Gewichtsschuhe
Klimmziehen aus dem Streckhang – mit Ristgriff (88 a, b), Kammgriff oder Zwiegriff
- an Reck, Balken, Ringen, Leiter, Sprossenwand
- mit Vorhalte der Beine

ohne und mit zusätzlicher Belastung zum eigenen Körpergewicht, a) auf den Schultern, b) an den Beinen, z. B.: Sandsack (88 a, b), Medizinball, Rundgewichte, Hantelscheiben, Gewichtsweste, Gewichtsschuhe, Partner

Armsprünge an der Leiter (89 a–c)

Zugübung mit Reckstange, Scheibenhantel, Rundgewicht, Expander
- aus dem Stand Umsetzen und Absetzen mit weitem und engem Griff
- in der Rumpfbeuge „Rudern“ (90, 91) – im Liegen (92)

Heben von Rundgewichten (bzw. Scheibenhanteln) – ein oder zwei Gewichte, gleich- und wechselseitig
- im Stand, in der Rumpfvorbeuge, im Sitz
- mit Ristgriff, Kammgriff bis zur Schulterhöhe (93 a, b)
- dasselbe in Rückenlage (94, 95)

Expanderziehen (96) – im Stand mit gestreckten Armen
- aus der Hochhalte zu den Oberschenkeln
- aus der Seithochhalte zu den Hüften
- aus der Seithalte zur Brust

Zugübung mit gestreckten Armen
- von oben nach unten (zum Körper)
- von unten nach oben (vom Körper weg)
- seitlich von oben nach unten (zum Körper)

– seitlich von unten nach oben (bis Schulterhöhe)
– von Seithalte bis vor den Körper
– von vor dem Körper seitwärts bis zur Seithalte
(Dieselben Übungen können auch am Wandapparat mit Gewichten, Zugfedern usw. ausgeführt werden.)
– mit Kurzhantel, Rundgewichten, Kugeln usw. im Stehen, Sitzen, Liegen
– Ziehen, Heben, Schwingen mit Rist- oder Kammgriff
– dasselbe, jedoch bis über Schulterhöhe – Arme bis zur Hochhalte
– auch am Wandapparat mit Zugfeder, Gewichten, Gummiseil, Fahrradschlauch, Expander

Armhebeübungen mit Kurzhantel und Scheibenhantel
– mit Rist- und Kammgriff – im Sand oder Sitz
– Heben oder Schwingen mit gestrecktem Armen

3. Griffübungen (= Halte- und Wickelbewegung)

Alle Zugübungen sind gleichzeitig Griffübungen, z. B. alle Varianten des Klimmziehens. Die Griffart ist gleichgültig (Rist-, Kamm- oder Zwiegriff). Auch das Klettern, das Schwingen am Reck, an den Ringen, am Tau oder hängenden Stab sind ausgesprochene Griffübungen. Besonders gut wird die Handkraft durch das sogenannte Gewichtwikkeln gesteigert.
Die Übungen mit der Scheibenhantel erfordern immer einen *festen* Griff. Beispiele für diese Übungen werden nicht angeführt, da an anderer Stelle die anatomische Klassifizierung der Scheibenhantelübungen weitaus mehr zum Ausdruck kommt.

9.3. Übungen zur Entwicklung der Bauchmuskulatur

1. Oberkörper wird zu den fixierten Beinen bewegt

Aus der Rückenlage Aufrichten des Oberkörpers
– bis zum Sitz – mit Vorfedern – Stirn berührt die Knie (97 a–c)
ohne oder mit zusätzlicher Belastung zum eigenen Körpergewicht, z. B.: Medizinball, Sandsack, Hantelscheiben, Gewichtsweste
Beine fixiert – an unterster Sprosse der Sprossenwand (98 a–c)
– an umgekippter Langbank
– am Barrenholm
– unter dem Schrank
durch Partner = Bauchreiten, an der Langbank, am Kasten (101 a, b)
im Sitz auf der Langbank Rumpfheben und -senken (99 a–c)
im Sitz auf dem Kasten mit Rumpfdrehen

– rechter Ellenbogen berührt linkes Knie und umgekehrt (100 a bis d) mit Rumpfdrehen rechts und links im Wechsel (103 a, b) – ohne und mit Nachfedern)
ohne und mit zusätzlicher Belastung zum eigenen Körpergewicht, z. B.: Sandsack, Gewichtsweste, Hantelscheibe.

2. Beine werden zum fixierten Oberkörper bewegt

Oberkörper ist durch Festhalten an der Sprossenwand, Bank, am Schrank, durch Partner fixiert

In Rückenlage Heben und Senken der Beine (Übungswirkung: gerade Bauchmuskeln, Lenden-Darmbeinmuskel)
– bis zur Senkrechten – über die Senkrechte hinaus
mit oder ohne zusätzliche Belastung zum eigenen Körpergewicht, z. B.: Medizinball, Gewichtsschuhe, Sandsack, Zugfeder (Gummiseil, Fahrradschlauch)
– am Boden, auf dem Kasten (104 a–c), auf schiefer Ebene
– Heben beider Beine – gleichzeitig, wechselseitig
– mit Gewichtsschuhen oder Sandsack

In Rückenlage Bein- und Achterkreisen (Übungswirkung: schräge Bauchmuskeln)
Oberkörper fixiert durch Festhalten an der Sprossenwand, Bank, am Schrank, durch Partner
ohne und mit zusätzlicher Belastung zum eigenen Körpergewicht, z. B.: Medizinball, Gewichtsschuhe
– Kreisen links und rechts herum – Achterkreisen
– linke Fußspitze nach dem rechten Ohr, rechte Fußspitze nach dem linken Ohr führen – im Wechsel
Aus dem Streckhang Heben und Senken der Beine
– an der Sprossenwand, Leiter, Gitter, Reck, Ringe, Tau, Kletterstange, hängendem Stab
– Beine gebeugt (105 a–d) – Beine gestreckt – bis zur Waagerechten (106 a, b)
über die Waagerechte (108)
ohne und mit zusätzlicher Belastung zum eigenen Körpergewicht, z. B.: Medizinball (105 d, 107, 109), Sandsack, Gewichtsschuhe
– an der Sprossenwand Grätschen und Schließen der Beine in der Waagerechten (110 a–c)

Beinkreisen oder Beinachterkreisen im Streckhang (Übungswirkung: schräge Bauchmuskeln, Lenden-Darmbeinmuskel)
– an Sprossenwand (111 a, b), Reck, Ringen
ohne und mit zusätzlicher Belastung zum eigenen Körpergewicht, z. B.: Medizinball, Gewichtsschuhe

Schwunghafte Einrollbewegung
- an Reck (mit Rist-, Kamm- oder Zwiegriff), Kletterstange, Tau (148 a, b) und hängendem Stab (nur mit Zwiegriff)

Einrollen mit halber Drehung (wie bei Stabhochsprung)
- ohne vorgehaltene Latte, Füße erhöht auf Kasten o. ä.
- über niedrigere bis gleich hohe Latte oder höhere Latte (als Griffhöhe)

3. Oberkörper und Beine bewegen sich zueinander

(Übungswirkung: gerade und schräge Bauchmuskeln, Lenden-Darmbeinmuskel)

Im Schwebesitz
- Anhocken und Strecken (112 a, b), Grätschen und Schließen der Beine (113 a–c)
- Grätschen und Kreuzen der Beine (114) – auch über Medizinball
- Heben und Senken der gestreckten Beine im Wechsel (115 a, b)
- von links nach rechts und umgekehrt – über Medizinball (116 a–c)
- „Radfahren" (117 a, b)

aus der Rückenlage Oberkörper aufrichten – Hände streichen an den Oberschenkeln entlang (118 a, b)
Beine und Oberkörper bewegen sich zueinander „Taschenmesser" (119 a, b)
Aufrichten zum Hockstand (120 a–c)

4. Übungen mit Scheibenhantel

(Reckstange, Eisenstab oder Triangel – Übungswirkung: Kräftigung der Bauchmuskulatur)
Hantelschwingen – mit Ristgriff (121 a–c) und Kammgriff (122 a–c).

9.4. Übungen zur Entwicklung der Rückenmuskulatur

1. Übungen mit fixierten Beinen

- im Stand, in der Bauchlage – Heben und Senken des Oberkörpers

Adlerschwünge – am Boden, an der Langbank (123 a, b; 124 a, b) – am Kasten (125, 126) am Barren (127 a, b)
- Beine fixiert an der Sprossenwand oder durch Partner

ohne oder mit zusätzlicher Belastung zum eigenen Körpergewicht, z. B.: Medizinball in den Händen, Sandsack im Nacken, Gewichtsweste

ohne und mit leichter zusätzlicher Belastung zum eigenen Körpergewicht, z. B.: Medizinball, Reckstange, Sandsack (128 a, b), Scheibenhantel

Rumpfbeugen vorwärts – mit zusätzlicher Belastung in den Händen

Heben mit geradem Kreuz:
Medizinball, Sandsack, Rundgewichte, Expander (131), Kurzhantel, Reckstange, Scheibenhantel, (bei leichtem Gewicht Knie durchgedrückt [129], Beine werden mit eingesetzt [130])

Rumpfseitbeugen
ohne und mit zusätzlicher Belastung zum eigenen Körpergewicht, z. B.: Rundgewichte, Sandsack, Reckstange, Scheibenhantel

Rumpfdrehbeugen
- im Sitz auf dem Kasten oder auf der Heberbank (132 a–d)
- im Stand (133 a–d)

mit zusätzlicher Belastung zum eigenen Körpergewicht, z. B.: Eisenstab, Reckstange, Scheibenhantel, Rundgewicht, Medizinball

Scheibenhantel Umsetzen und Absetzen
- ohne und mit Ausfallschritt
- ohne und mit Kniebeuge

Heben aus Kreuz
- Scheibenhantel (oder Reckstange) zwischen den leicht gegrätschten Beinen (134 a, b)

2. Übungen mit fixiertem Oberkörper

- in Bauchlage – Heben und Senken der Beine
- im Stand – Rumpfbeugen vorwärts (Vorsicht!)

Heben und Senken der Beine im Strecksturzhang
- an Sprossenwand (135 a–c), Reck, Barrenende (136 a–c), Ringen, Kletterstangen

ohne und mit zusätzlicher Belastung zum eigenen Körpergewicht, z. B.: Medizinball, Gewichtsschuhe, Sandsack

Heben und Senken der Beine in Bauchlage
- am Boden (137 a, b), am Kasten (138 a, b)

ohne und mit zusätzlicher Belastung zum eigenen Körpergewicht, z. B.: Medizinball (139 a, b), Gewichtsschuhe, Sandsack, Gummiseil (Fahrradschlauch)

Heben der Beine
- in Hohlkreuzhaltung gleichzeitig oder links und rechts im Wechsel
- am Kasten lang mit Gewichtsschuh, Gewichtsmanschette, Sandsack, Gummiseil

Heben der Beine zur Stützwaage und Senken
- am Tisch, Kasten, Barren (140 a, b).

9.5. *Ganzkörperübungen*

Liegestützwechselhüpfen
a) ohne Armbeuge (141 a–c), ohne Strecksprung, nur leichtes Abdrücken aus den Fußgelenken
b) ohne Armbeuge – mit kräftigem Strecksprung
c) mit Armbeuge und kräftigen Strecksprung
d) mit Armbeuge und Anhocken der Beine bis hin zur Brust (142 a–c)

Bankdrücken – kleiner Drehradius = leichte Form, großer Drehradius = schwere Form (143 a–c)

Hockstrecksprung mit Ausstoßen zweier Kugeln, Rundgewichte, Baumstamm, Hantel

Klettern mit Kletterschluß
- an Stange, Tau (144), zwei Stangen

Strickleiterklettern (145)
Hangeln – ohne und mit Vorhalte der Beine oder mit Gewichtsschuhen, Medizinball
- an Kletterstange, Tau (146), Strickleiter (147)

Ein- und Aufrollen – an Tau, hängendem Stab, Kletterstange (148 a, b)

Schwingen am Tau
a) ohne Klimmzug, mit Fußabstoß (149 a, b)
b) ohne Klimmzug und Fußabstoß
c) mit Klimmzug ohne Fußabstoß (150 a, b)
d) mit Medizinball zwischen den Füßen (151)

Barren (schulterhoch)
Sprung in den Streckschütz, Knie anhocken, Arme beugen, Niedersprung (152 a, b)

„Pumpen" mit Vorhalte der Beine
– Medizinball zwischen den Beinen (153 a, b)

Sandsack- oder Hammerschwingen – beidarmig (154 a–c), einarmig (155 a, b)

Scheibenhantelübungen
a) Drücken (156 a–e)
b) Reißen, Kniebeuge, Ausfallschritt (157, 158)
c) Stoßen (159 a–e)
d) Standreißen (160 a–d) mit und ohne Ausfallschritt, mit Kniebeuge
e) „Hampelmann" – mit Reckstange, Scheibenhantel (161 a–c)
f) Stoßen nach oben von der Brust aus mit wechselndem Ausfallschritt (162 a, b)
g) Dreiklang – Stoßen zur Vorhalte: im Grätschstand, mit wechselndem Ausfallschritt (163)
h) Hantelschwingen – Arm gebeugt – mit Rist- oder Kammgriff (165 a, b) Arme gestreckt – mit Rist- (164 a–c) oder Kammgriff (166)

9.6. Partnerübungen

1. Übungswirkung: Beinmuskulatur

Wechselweises Überspringen eines Partners; Partner in Bankstellung und spannt dabei alle Muskeln an (167 a–d)
„Kosakentanz" (168 a, b)
Leichte Kniebeuge (nicht aus der Hocke!) mit Partner auf den Schultern (169)
„Glockenziehen" (170 a, b)
Rumpfvorbeugen im Kniestand – Partner drückt im Hockstand auf die Fußgelenke und streckt die Beine (171 a, b)
Rumpfvorbeuge im Kniestand mit zusätzlicher Belastung (Medizinball, Rundgewicht); Partner verbleibt in der Hockstellung und spannt alle Muskeln an (172 a, b)

2. Übungswirkung: Arm- und Schultermuskulatur

Liegestützsprünge auf einen Kastendeckel (173 a–c)
Doppelter Liegestütz (174, 175, 176, 177)
– untenliegender Partner in Rückenlage (174, 175, 177)
– untenliegender Partner in Bauchlange (176)
„Toter Mann" (178 a–c)
Halber Klimmzug am Nacken des Partners (179 a, b)
Halber Klimmzug mit Zwiegriff am Schwebebalken, Partner als Zusatzlast (180)

Nackenziehkampf (181)
Ziehkampf – einarmig (182), beidarmig (183)
In-die-Knie-Zwingen (184)

3. Übungswirkung: Rumpfmuskulatur (Bauch)

Kampf im Grätschsitz (185, a, b)
Aufrichten aus der Rückenlage (186), Partner streckt die Beine aus der Hockstellung
Beinkreisen oder Beinachterkreisen (187); kombiniert mit Rumpfheben und -senken des Partners in Rückenlage (187 a–d)
Rumpfdrehen um die Längsachse im Schwebesitz, Partner fixiert Beine (188 a, b)
Rumpfrückbeugen im Reitsitz (189 a, b)
Bauchreiten – ohne Schwung und ohne Armstütz (190 a, b) – mit Schwung und Armstütz (191 a, b)
Rumpfdrehen um die Längsachse im fixierten Schwebesitz am Partner (192 a, b)

4. Übungswirkung: Rumpfmuskulatur (Rücken)

Adlerschwünge am Boden in Bauchlage (193 a, b)
Waageheben – Partner im Stand (194 a, b)
Wippende Last (195 a, b; 196 a, b)
Rumpfbeugen vorwärts im Grätschsitz und Aufrichten gegen Partnerwiderstand (197 a, b)
Rückenschauckel – Arme Flechtgriff – wechselndes Vor- und Rückbeugen des Rumpfes (198 a–c) – Achtung, beim Rückenbeugen Beine nicht hochheben!

Hinweise zur Übungsausführung

Bei häufiger Anwendung und unsachgemäßer Ausführung bestimmter Kraftübungen kann es besonders beim Üben in Serien (auf Zeit) zu Schädigungen (bes. Kniegelenke, Lendenwirbel) kommen. Deshalb sind bestimmte Übungen entweder ganz zu vermeiden (Schule!), oder beim Training ist zu beachten:

- Kniebeugen und Sprünge (bes. m. Zusatzlast) aus und bis 90° Kniewinkel (ÜAbb. 4; 5a, b; 7c; 27b, 31a).
- Beim Anheben von Zusatzlasten mit Rumpfbeuge gerades Kreuz (ÜAbb. 90, 91, 129 u. ä.); besser ist Übung 92.
- Rumpfheben nur bis zur Waagerechten (ÜAbb. 123b; 124b; 125b; 126b; 128b; 129b); danach Übungen mit Gegenbewegung ausführen (wie in 118 u. 119).
- Beim Hantelschwingen (Abb. 164) Rumpf nur geringfügig für Ausholschwung nach vorn beugen; dabei gerades Kreuz.

I/1

1 2 3 4 5a 5b

6a 6b 6c 7a 7b 7c 8a 8b

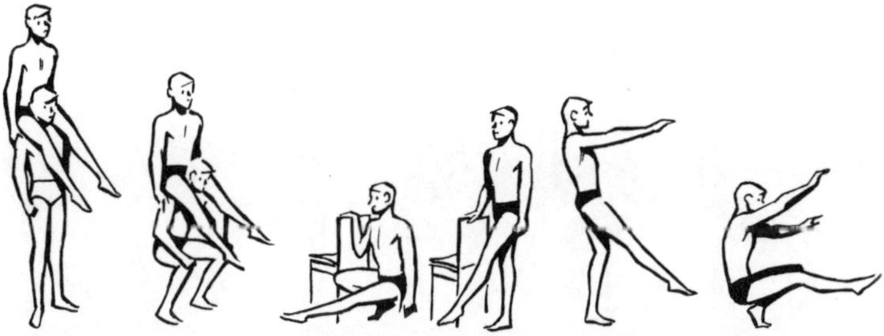

9a 9b 10a 10b 11a 11b

12a 12b 13a 13b 14a 14b

I/2

15a 15b 15c

16a 16b

17a 17b

18a 18b 18c

18d 18e 18f

19a 19b

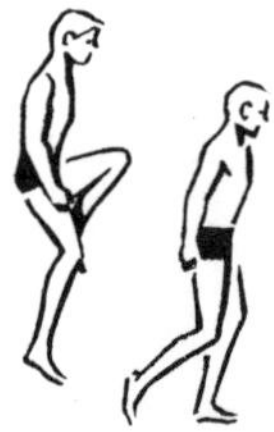

20a 20b

I/3

21a 21b

22a 22b

23a 23b

24

25a 25b

26a 26b

27a 27b 27c

28a 28b

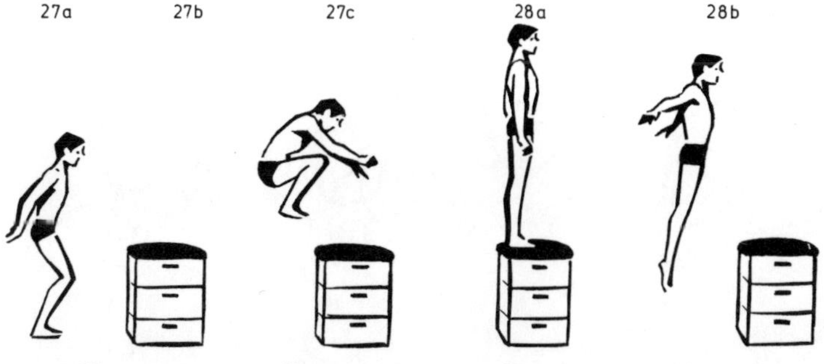

29a 29b 29c 29d

30a 30b 30c

31a 31b

32a 32b 32c

33a 33b

34a 34b

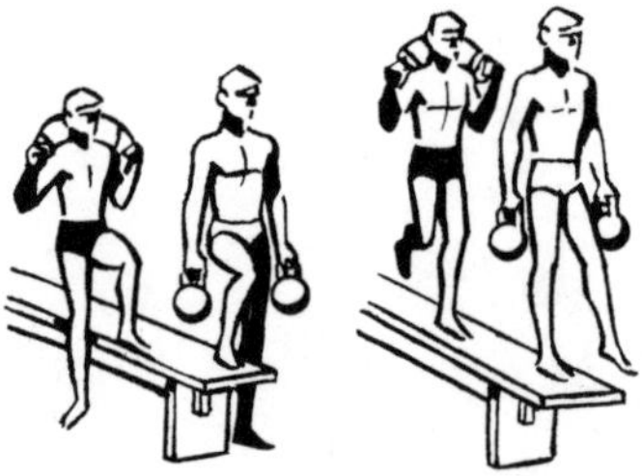

35a 35b

36

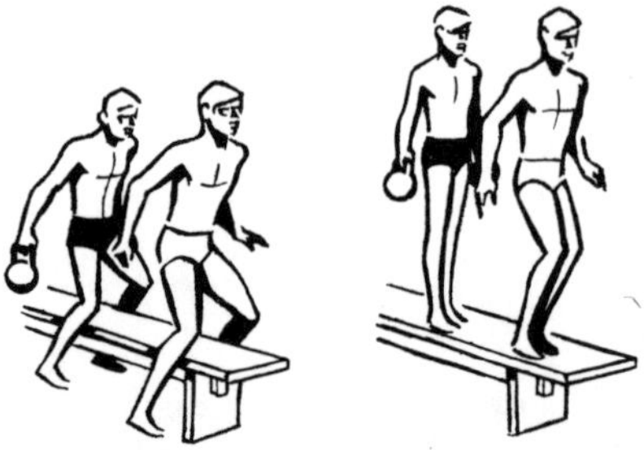

37a 37b

38a 38b 38c

39

40a

40b

41

42

43a

43b

44a

44b

45a

45b

46a

46b

II/1

47a

47b

47c

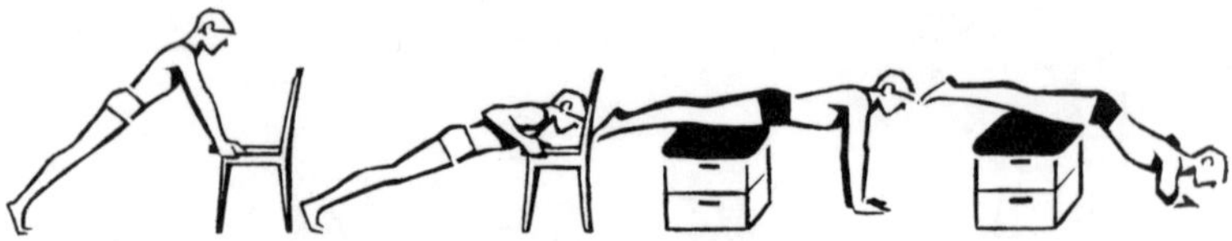

48a 48b 49a 49b

50a 50b

51a 51b

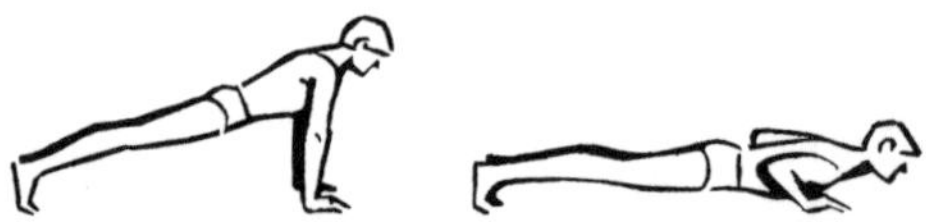

52a 52b

53a 53 b

54 a 54 b

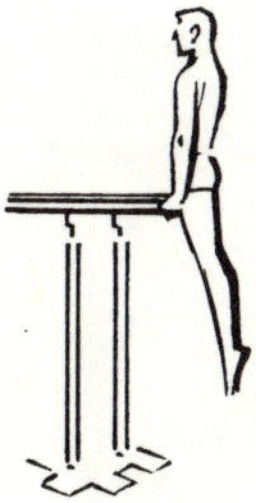

55a

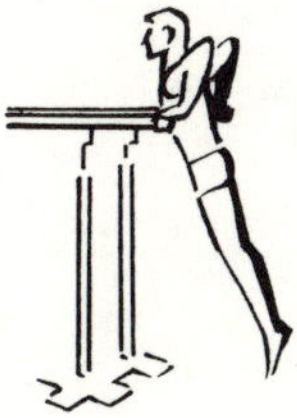

55b

56a

56b

57a

57b

58a

58b

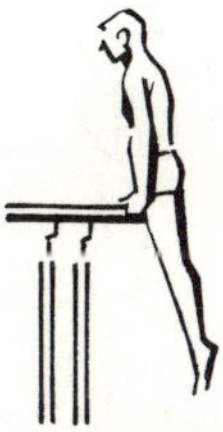

59a

59b

59c

59d

60a

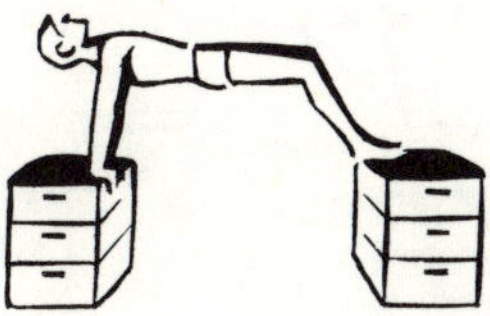

60b

61a 61b

62a 62b

63a 63b 63c

64b 64a

65b 65a

66a 66b

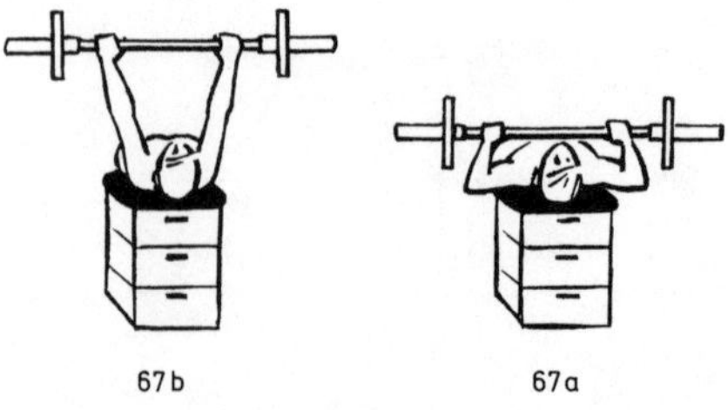

67b 67a

68a 68b

69a 69b

70a 70b 70c

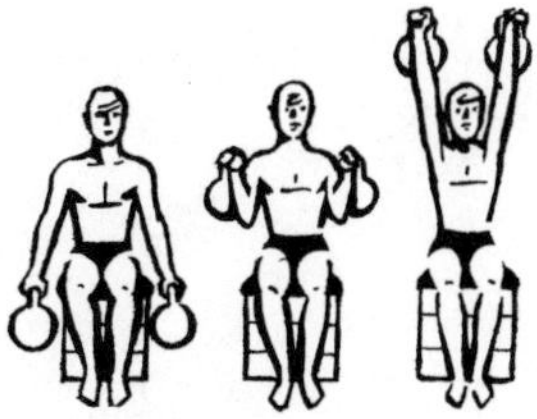

71a 71b 71c

72a 72b 72c

73a 73b

II/2

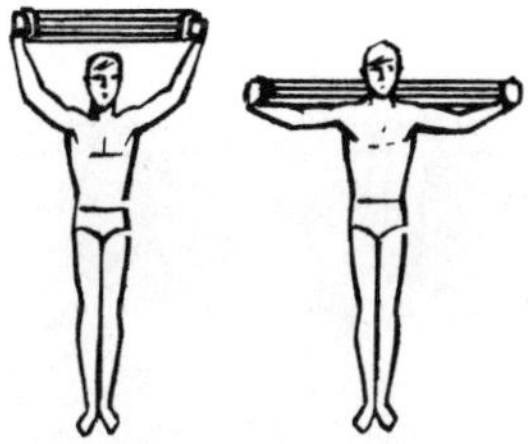

74a 74b

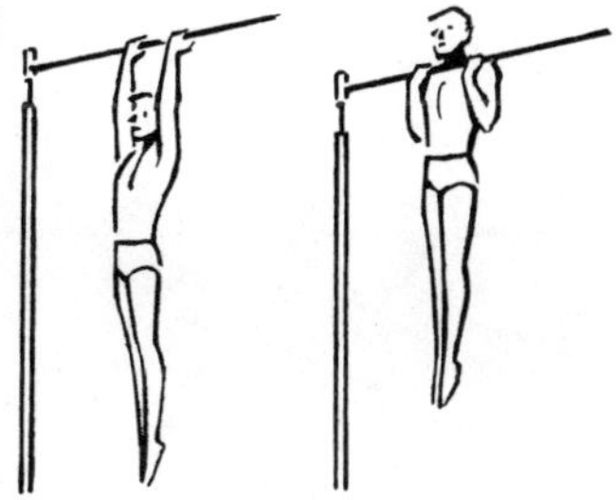

75a 75b

76a 76b

77a 77b

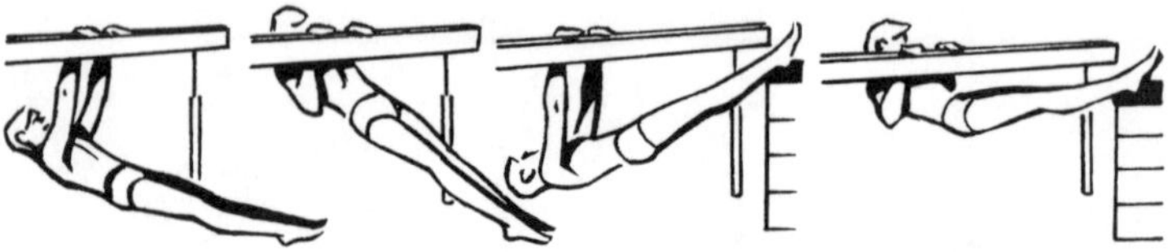

78a 78b 79a 79b

80a 80b 81a 81b

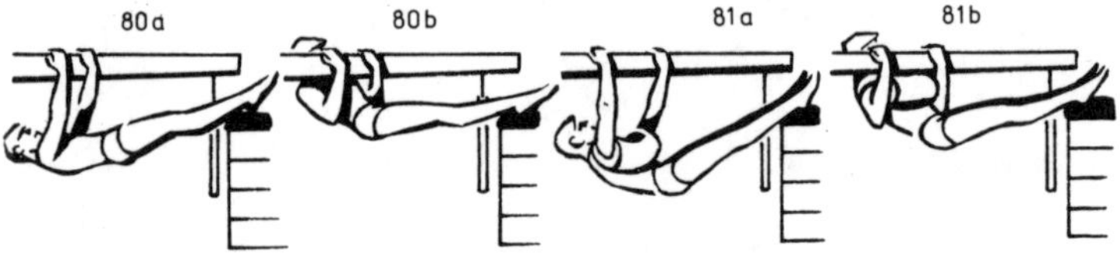

82a 82b 83a 83b

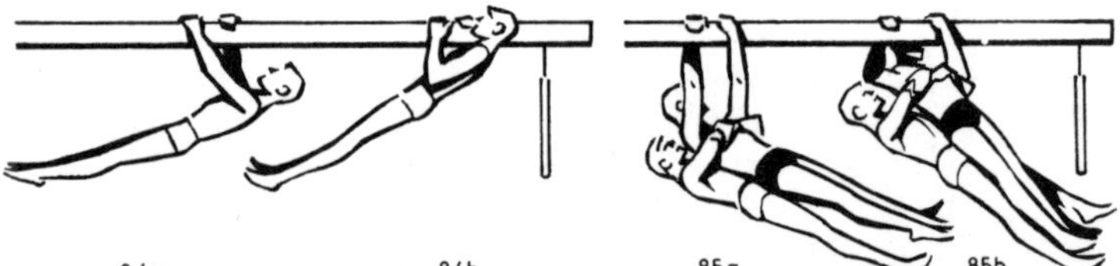

84a 84b 85a 85b

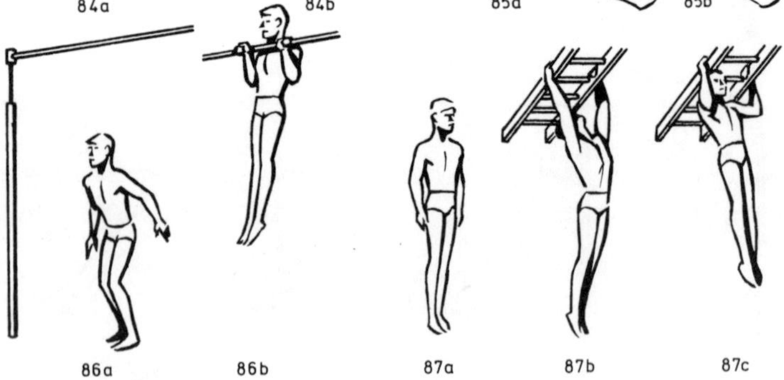

86a 86b 87a 87b 87c

88b 88a

89a 89b 89c

90a 90b

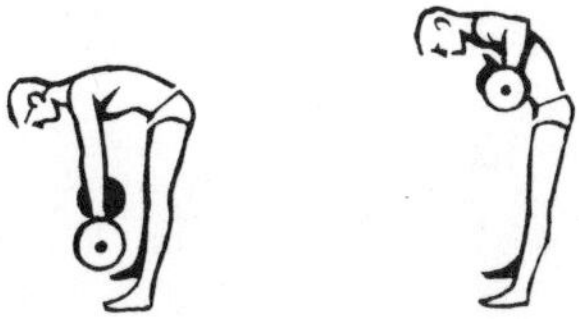

91a 91b

92a

92 b

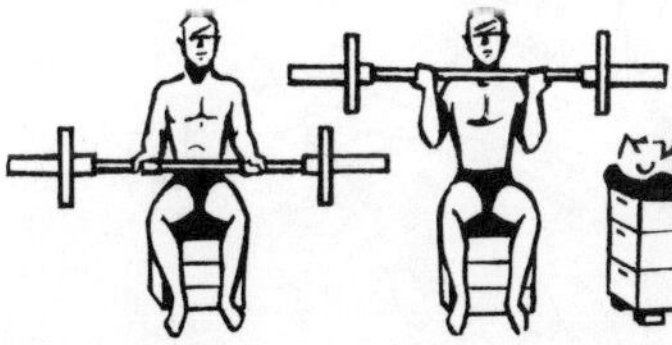

93a 93b

94a 94b

95a 95b

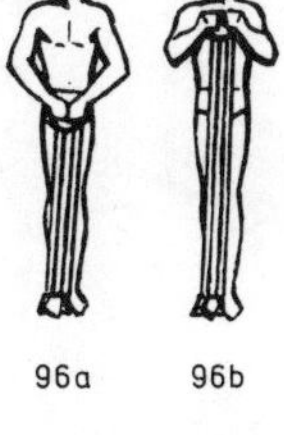

96a 96b

III / 1

97c

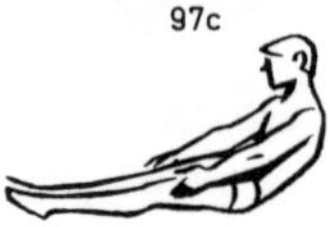

97 b

97a

98c

98b

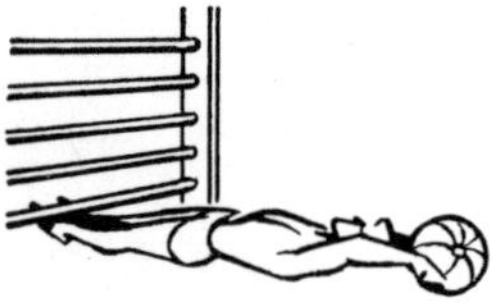

98a

99c

99b

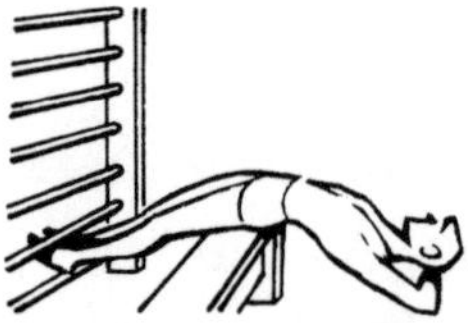

99a

100c

100b

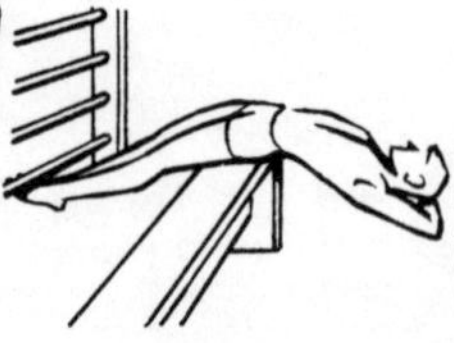

100a

100d

101b

101a

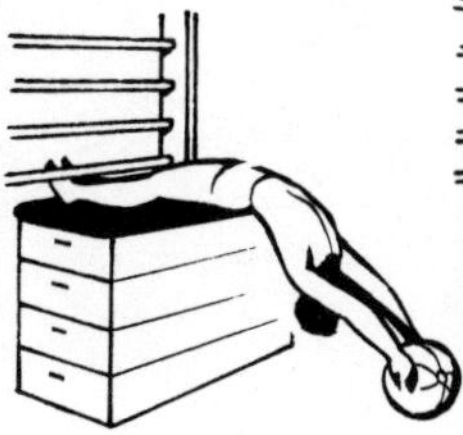
102b

102a

103a

103b

III / 2

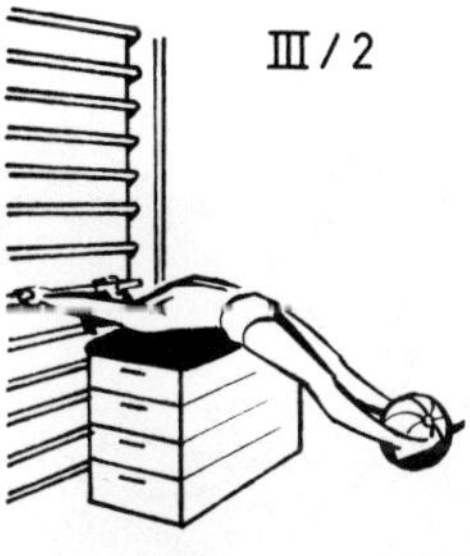
104a

104b

104c

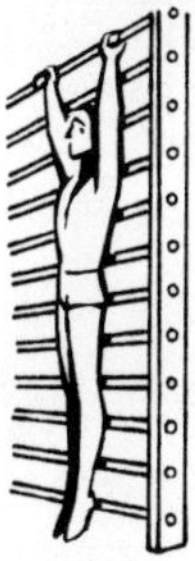
105a

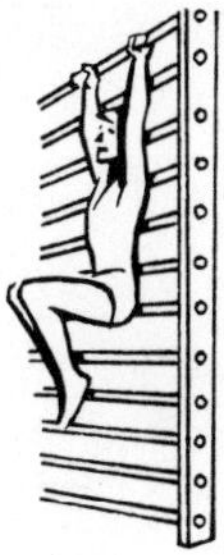
105b

105c

105d

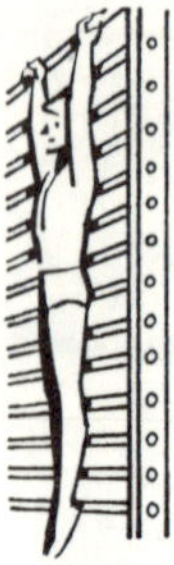

106 a.

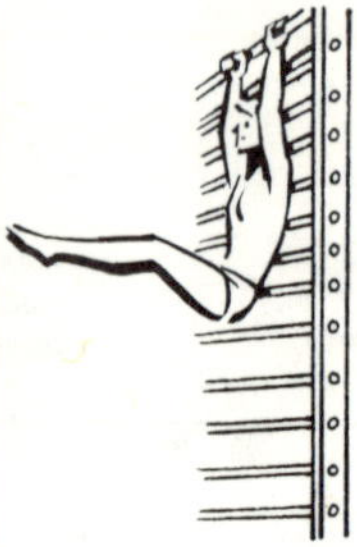

106 b

107

108

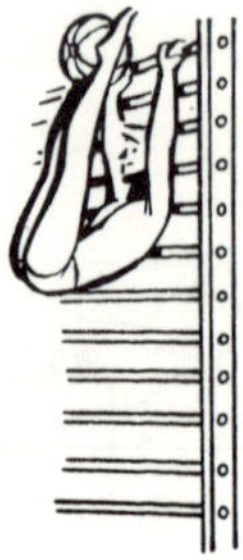

109

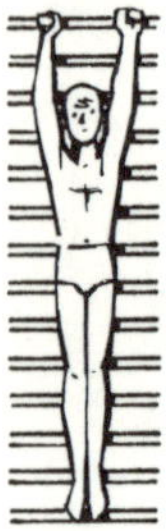

110 a

110 b

110 c

111 a

111 b

III / 3

112 a

112 b

113 c

113 b

113 a

114 b

114 a

114 c

115 a

115 b

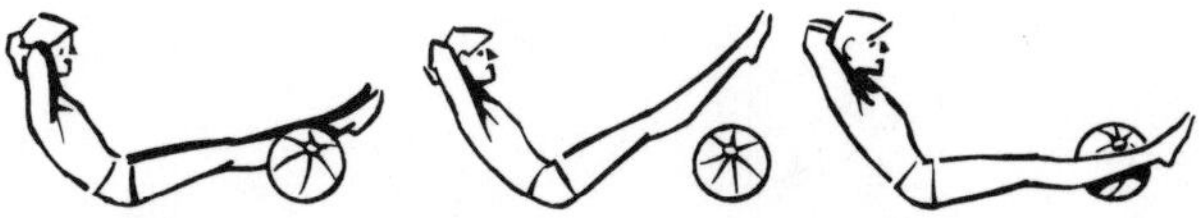

116 a 116 b 116 c

117 a 117 b

118 a 118 b 119 b 119 a

120 a 120 b 120 c

III/3

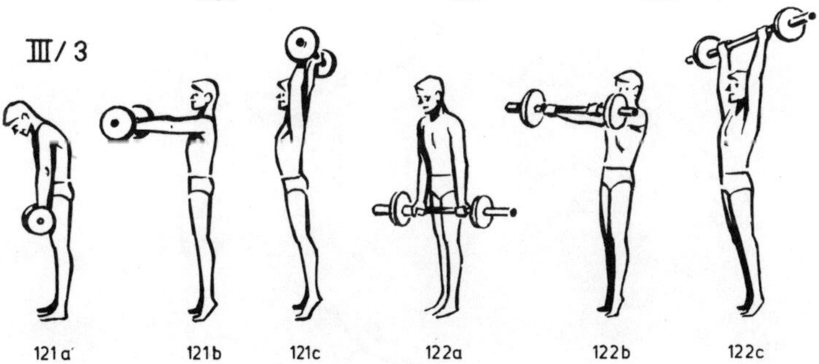

121 a 121 b 121 c 122 a 122 b 122 c

IV/1

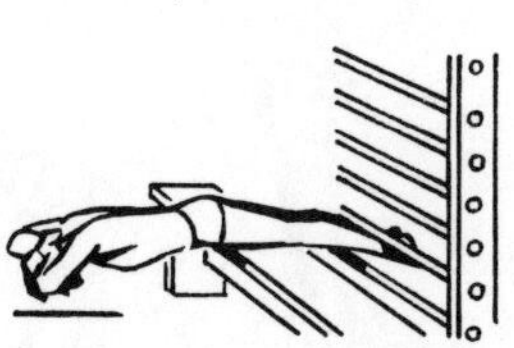

123

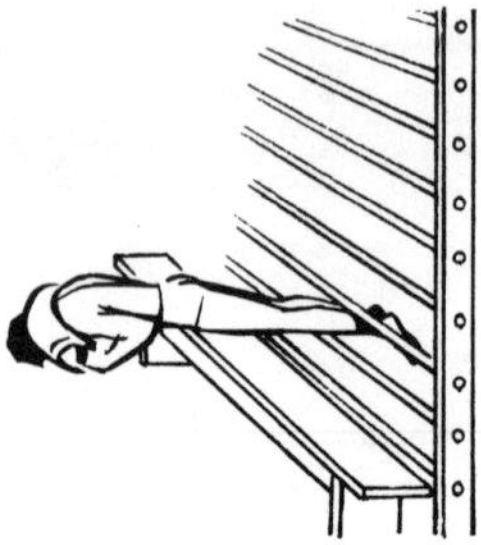

124

125

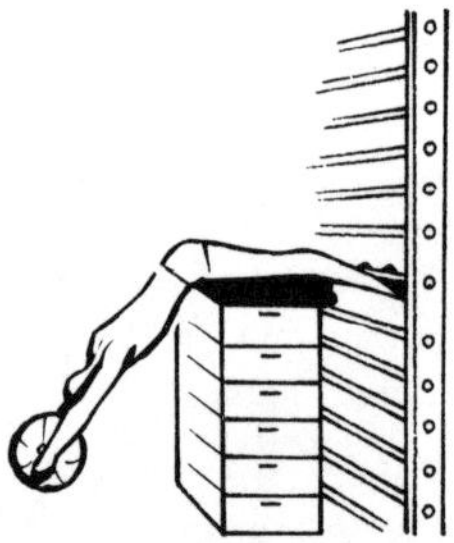

126 a

126 b

127 a

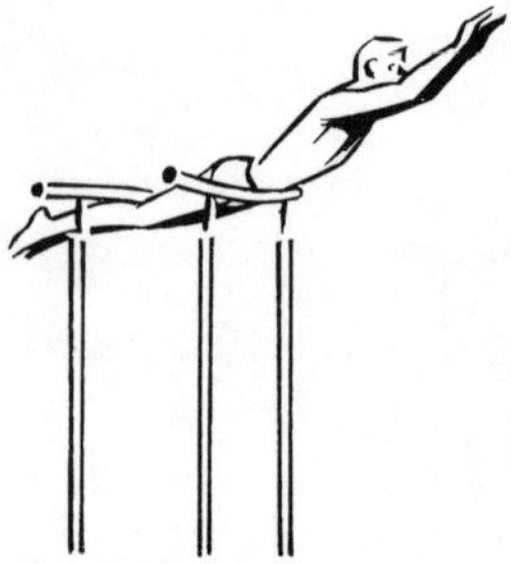

127 b

128 a

128 b

129 a

129 b

130 a

130 b

131 a

131 b

132 a

132 b

132 c

132 d

133 a

133 b

133 c

133 d

134 a

134 b

135 a

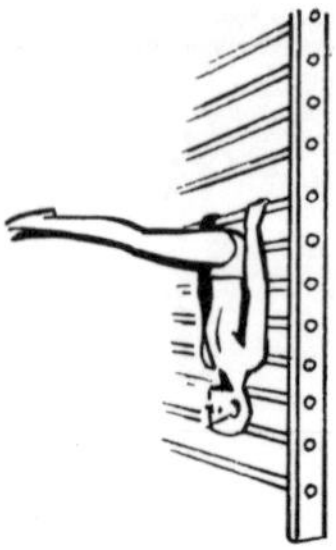

135 b

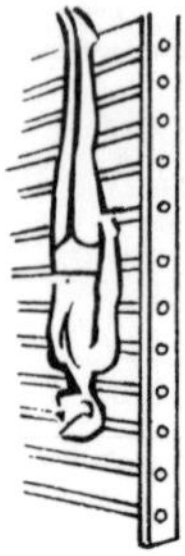

135 c

136 a

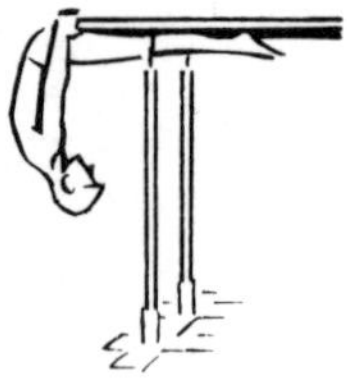

136 b

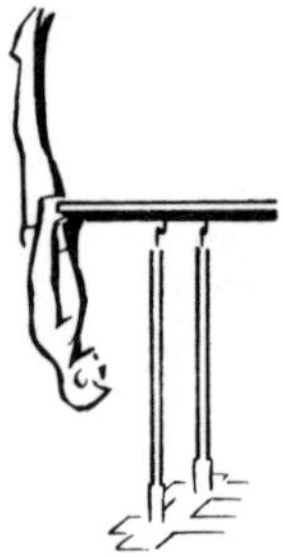

136 c

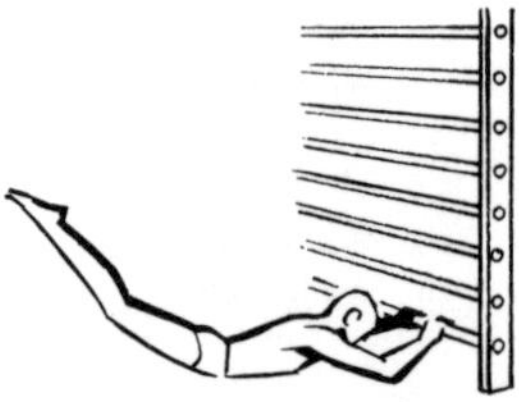

137 b

137a

138 a

138b

139 a

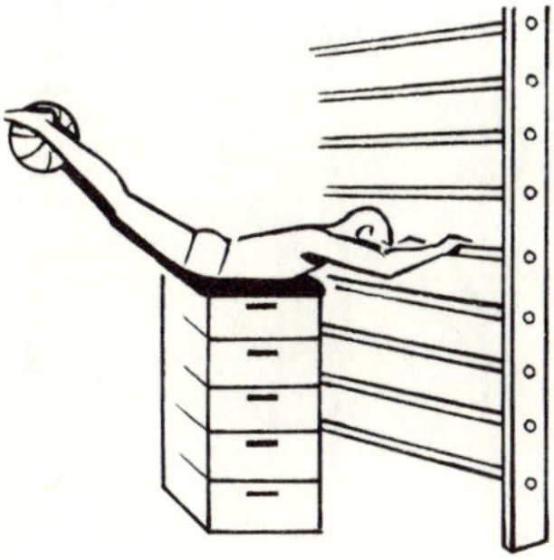

139 b

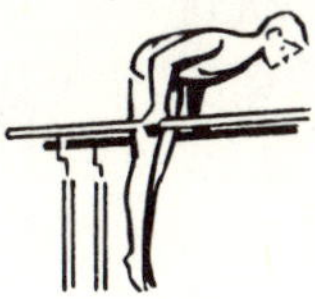

140 a

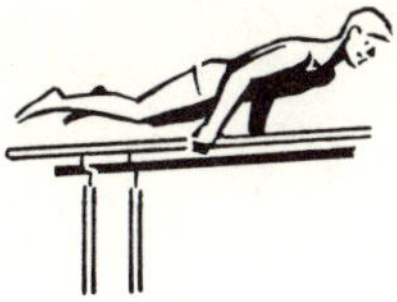

140 b

V

141a 141b 141c

142c 142b 142a

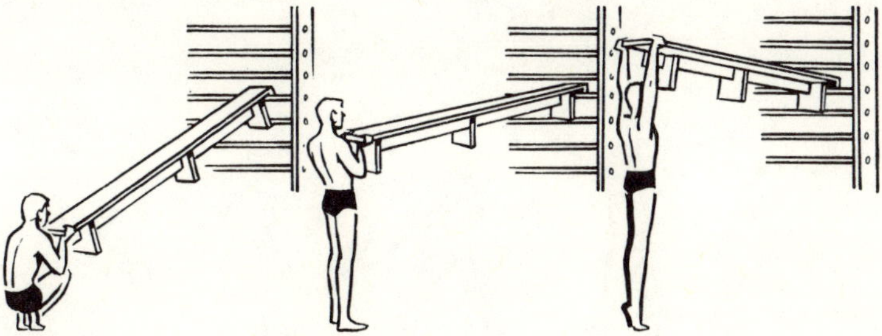

143 a 143 b 143 c

144 145 146 147

148 a 148 b 149 b 149 a 150 a 150 b

151 152 a 152 b 153 a 153 b

154 a 154 b 154 c 155 a 155 b

156 a

156 b

156c

156 d

156 e

157 a

157 b

157 b
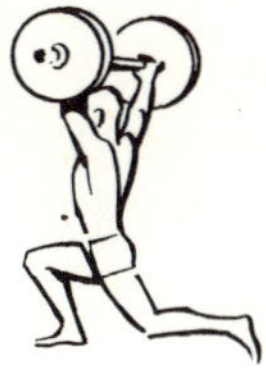
158

159 a

159 b

159 c
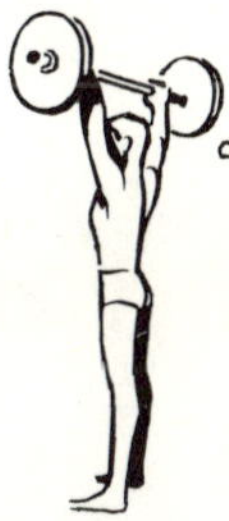
159 d

159 c

160 a

160 b

160 c

160 d

161a

161

161 b

162 a

162 b

163
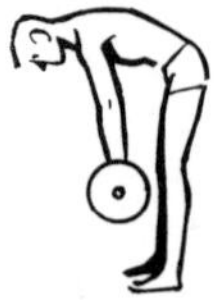
164 a

164 b

164 c

165 b

165 a

166 a

166 b

166 c

VI

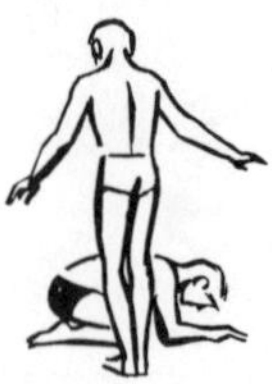
167 a

167 b

167 c

167 d

168 a

168 b

169 b

169 a

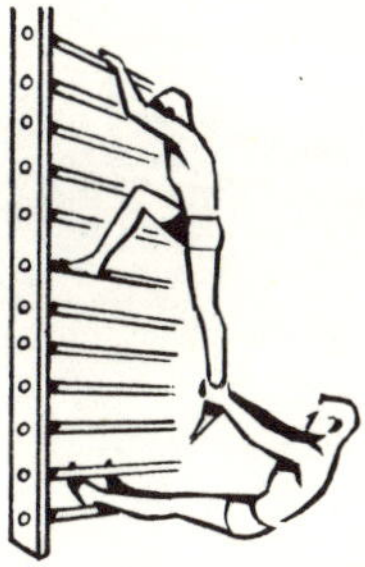

170 a

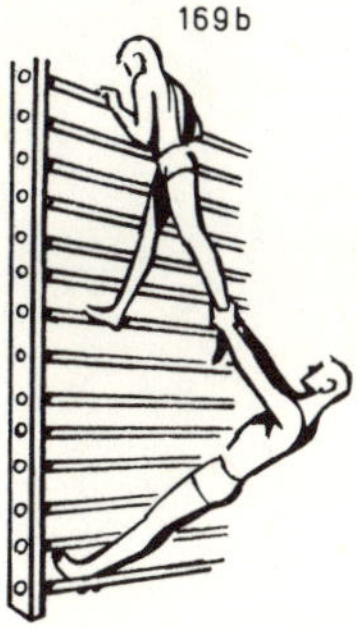

170 b

171 a

171 b

172 a

172 b

173 a

173 b

173 c

174 a

174 b

175 a

175 b

176 a

176 b

176c

177a

177b

177c

177d

178 a

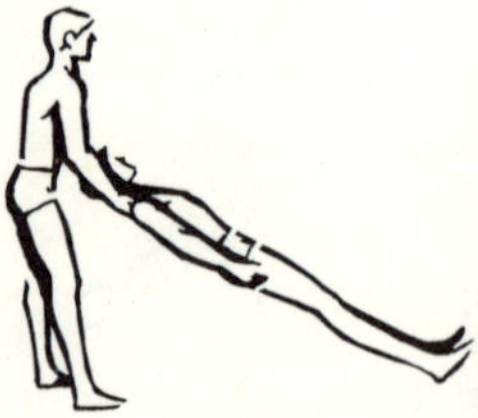
178 b

178d

179 a

179 b

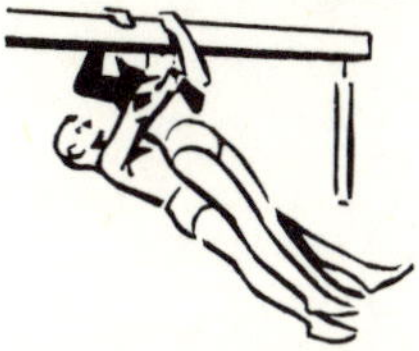

180

181

182

183

184

185 a

185 b

186 a

186 b

187 a

187 b

187 c

187 d

188 a

188 b

189 a

189b

190 a

190 b

191 a

191 b

192 a

192 b

193 a

193 b

194 a

194 b

195 a

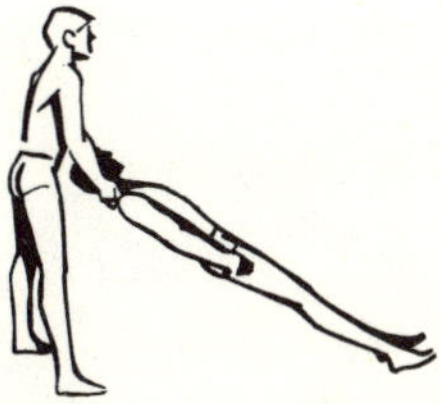

195 b

196 a

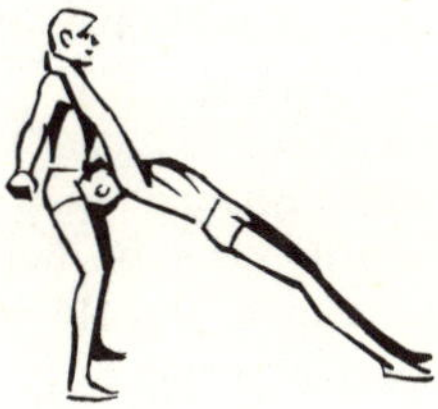

196 b

197a

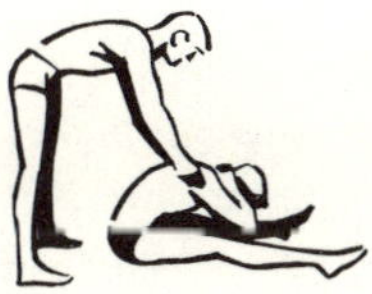

197 b

198 b

198 a

198 c

10. Stationsbetrieb als Vorstufe für Circle-Training

Stationsbetrieb – Stationstraining

Stationsbetrieb und Stationstraining sind effektive Organisationsformen des Trainings, um Fähigkeiten und Fertigkeiten gleichzeitig entwickeln zu können. Als Vorstufe zur Einführung des Circle-Trainings bzw. des Kreisbetriebes können beide Übungs- bzw. Trainingsverfahren genutzt werden, wenn die Übungsauswahl, -anordnung und -gestaltung nach folgenden Prinzipien erfolgt:

- Auswahl technisch beherrschter Übungen
- Wechsel der Beanspruchung der Hauptmuskelgruppen an den einzelnen Stationen nach dem Symbol des Circle-Trainings
- Standardübungszeit pro Station je nach beabsichtigtem Ausbildungsziel sowie Trainingseffekt von etwa 5 bis 15 min
- Erfassen der Übungsergebnisse im Riegenheft oder auf Leistungskarten.

Stationsbetrieb bzw. Stationstraining kann im Freien (Sportplatz, Stadion, Schulhof) und in der Halle durchgeführt werden (vgl. Beispiele S. 75f.). Das Beispiel 1 zeigt, daß durch die Wahl des Stationsbetriebes als Organisationsform des Übens in der vorgestellten Sportstunde (das sich in der Praxis bestens bewährt hat) die Hauptzielstellung Leistungskontrolle im 60-m-Lauf ohne Leerlauf, d. h. bei effektiver Nutzung der Übungszeit durchführen läßt.

Voraussetzung für das Gelingen solcher Sport- oder Trainingsstunden sind eine gute Disziplin in der Klasse oder Sportgruppe, Erfahrungen der Sportler beim Üben im Riegenbetrieb und Anerkennung des Riegenführers als Autorität. Der Sportlehrer oder Übungsleiter ist gut beraten, besonders die Riegenführer, aber auch die gesamte Gruppe mündlich und auch durch schriftliche Vorgaben von der Durchführung der Übungen und den beim Üben zu beachtenden Sicherheitsmaßnahmen zu unterrichten.

Die erzieherischen Potenzen dieser Übungsorganisation bestehen daher ganz besonders in hohen Ansprüchen an Selbständigkeit, gegenseitige Rücksichtnahme und Verantwortungsbewußtsein. Sind diese Voraussetzungen in der Klasse oder Sportgruppe nicht in entsprechendem Maße vorhanden, ist der Erfolg der Übungs- oder Trainingsstunde nicht garantiert.

Üben an Stationen –
Schulsport ab 4. Klasse als Vorbereitung für Kreisbetrieb/ Circle-Training

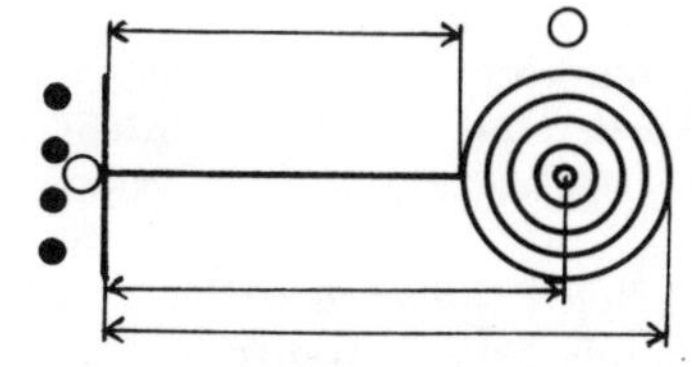

4 Stationen – 5 min Übungszeit – 8 Schüler je Station – 1 min Wechselzeit
Beispiel: Leichtathletik – Spiel
Erwärmung: 5 min Dauerlauf
5 min Gymnastik

Station 1
Leistungskontrolle
1 × 60-m-Lauf
oder 2 × 30-m-Lauf
● 3 Läufer, 1 Starter, 2 Zeitnehmer

Station 2
Zielwerfen
● mit Schlagball/Keule
● 3 × 3Würfe

Station 3
Weitspringen
● am laufenden Band
● aus 5 Anlaufschritten
● Absprung vom Kastendeckel
● Weitenmarkierer!

Station 4
Medizinballübungen
5 Wiederholungen je Übung
3–4 Durchgänge
(1) *Druckwurf*
● beidhändig von der Brust
● aus Grätsch-/Schrittstellung
● Ellbogen schulterhoch
(2) *Stoßen* oder Werfen
● re/li im Wechsel
● aus frontaler Schrittstellung
(3) *Zuwerfen*
● aus Rumpfbeuge vorwärts

Seitenwechsel (alle Schüler)

Üben an Stationen – Schulsport ab 4. Klasse als Vorbereitung für Kreisbetrieb/ Circle-Training

Beispiel: Hindernisturnen — 45 min Unterrichtszeit = 5 min Erwärmung; 30 min Üben an 6 Stationen mit je 4—6 Schülern; 5 min Verfolgungsrennen; 5 min Abbauen

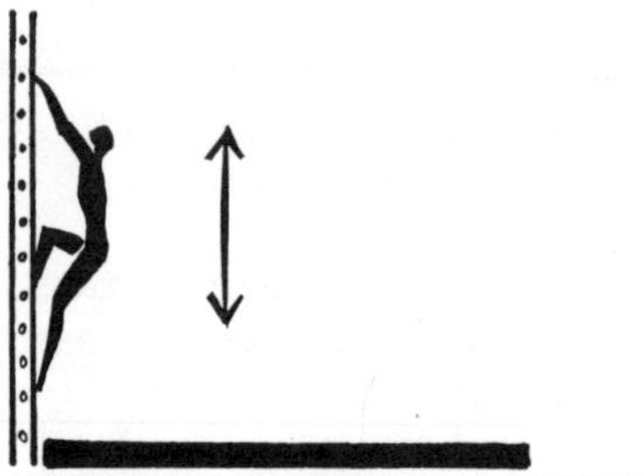

Station 1 (Sprossenwand/ Matte)
Auf- und Absteigen

Station 2 (2 Kastenteile/1 Kastendeckel)
(1) Durchkriechen – Überspringen – Durchkriechen
(2) Slalomlauf
(3) Durchkriechen – Rolle vorwärts – Überspringen

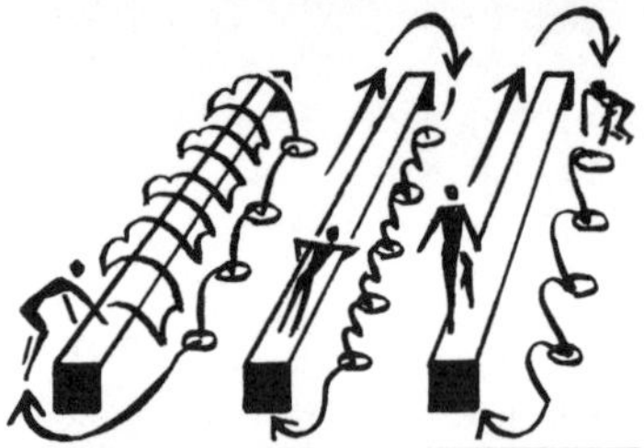

Station 3 (2 Langbänke/5 Gymnastikreifen)
(1) Hockwenden (hin) – Einbeinhüpfen (zurück)
(2) Ziehen in Bauchlage (hin) – Hüpfen beidbeinig (zurück)
(3) Zehengang mit Seithalte der Arme (hin) – Froschhüpfen (zurück)

Station 4 (Gymnastikbälle)
(1) Zuwerfen (einhändig) – Fangen (beidhändig)
(2) wie 1 aber mit Platzwechsel

Station 5 (1 Stützbarren; 1 Holm = 3 Schüler)

(1) Sprung in den Stütz
(2) Klimmziehen im Liegehang
(3) Hocksturzhang aus dem Liegehang

Station 6 (Kasten, Schwebebalken, Matte)
Balancieren am Schwebebalken (mit Partnerhilfe)

- Absprung auf die Matte und Rolle vorwärts
- Huckepacktragen (zurück)

Abschluß = Mannschaftsverfolgungsrennen
(Geräte an den Stationen bleiben für die nächste Klasse stehen!)

- Dosierung: 3 × 1 Runde je Riege/Mannschaft
- Startfolge: 1. Durchgang:
  Riege
  1:2
  3:4
  5:6

2. Durchgang:
Riege
1:3
2:5
4:6

3. Durchgang:
Riege
1:4
2:6
3:5

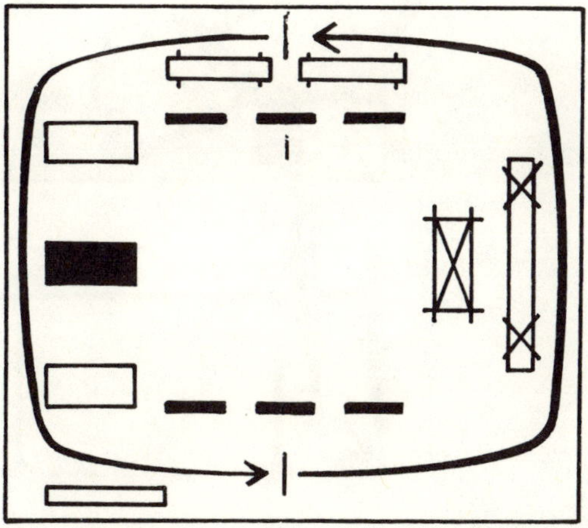

Kreisbetrieb – Schulsport und Grundlagentraining ab 4. Klasse als Vorbereitung für Circle-Training

(1) *Hockwende*
- über Langbank
- am Ort/in leichter Vorwärtsbewegung

(2) *Aufrichten* des Oberkörpers aus der Rückenlage und Rumpfbeugen zu den fixierten Beinen
- ohne/mit Zusatzlast

(3) *Seitwärtsspringen*
- über Langbank

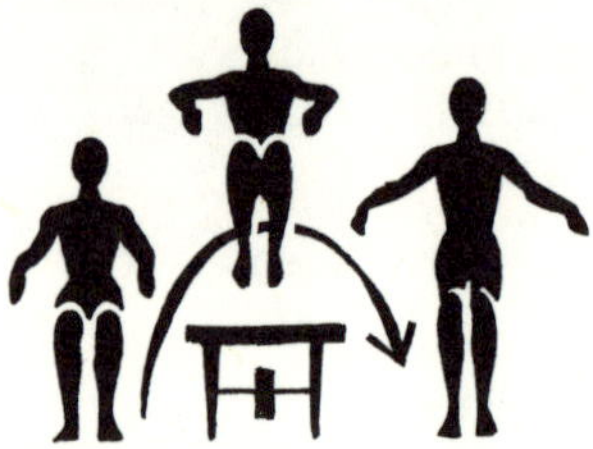

(4) *Adlerschwünge*
- an Sprossenwand/Bank/Kasten
- ohne Zusatzlast

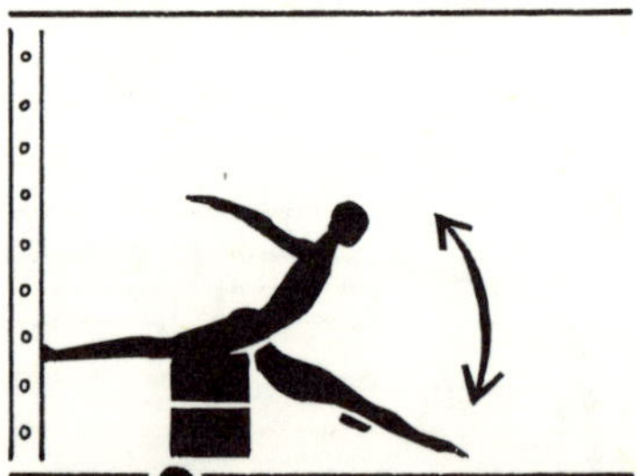

(5) *Sprung in den Stütz*
- am Barren (Holmende)
- brusthoch bis schulterhoch
- Niedersprung

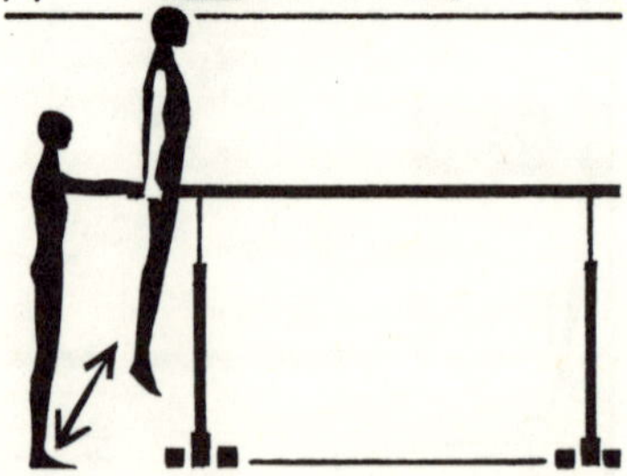

(6) *Achterkreisen*
- mit Medizinball
- durch die gegrätschten Beine

(7) *Seilspringen*
- am Ort

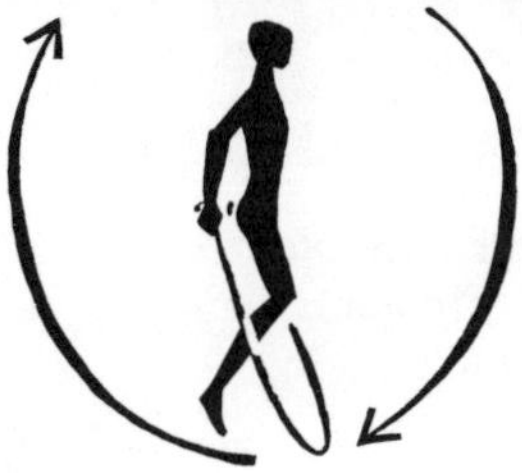

(8) *Anhocken* der Beine
- aus dem Hang
- Knie zum Kinn

oder
- Anristen (mit gestreckten Beinen)

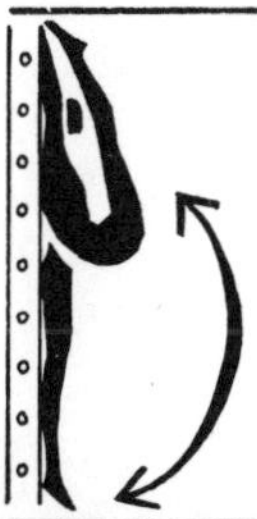

(9) Liegestütz-wechselhüpfen
- ohne/mit Strecksprung

(10) *Rückrollen*
- mit gestreckten oder gebeugten Beinen
- aus der Rükkenlage
- zur Griffstelle der Hände

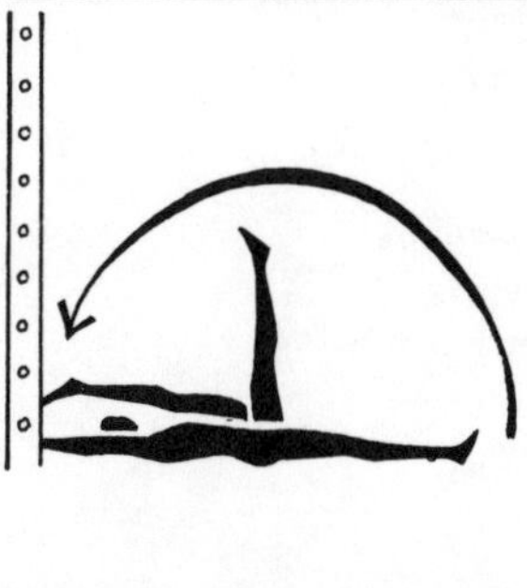

Kreisbetrieb – Schulsport (ab 7. Klasse) und Grundlagentraining (Turnen) ab 4. Klasse zur Vorbereitung für Circle-Training

(1) ***Überspringen***
und
Durchkriechen
- eines Kastenteils

(2) ***Wanderhüpfen***
- am offenen Kastenteil

(3) ***Heben*** in den ***Hockstütz***
- aus dem Stand im Kasten

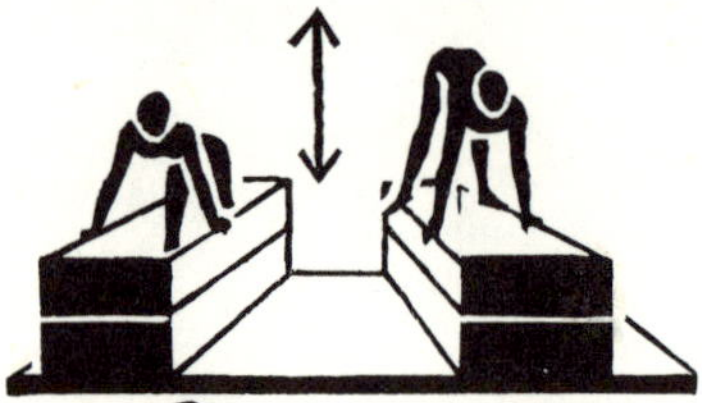

(4) ***Sprung in den Stütz***
am Barrenende
- Niedersprung – Sprung in den Sitz

oder
- Niedersprung und Lauf zum anderen Barrenende
- Durchstützeln (ab etwa 7. Klasse)

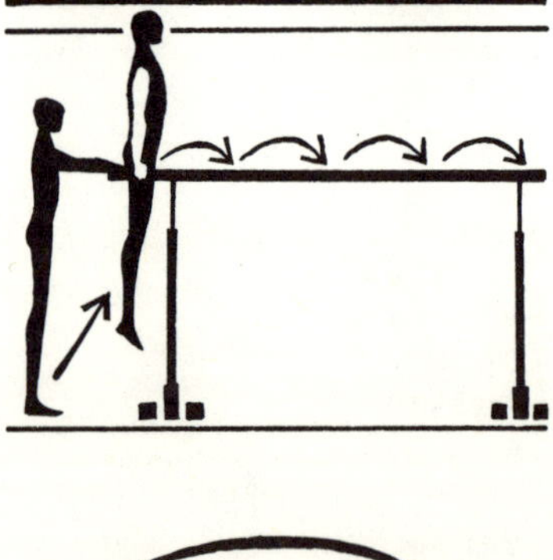

(5) ***Rolle***
- vorwärts und
- rückwärts

auf dem Kastendeckel

(6) *Schwingen* in den Handstand
● gegen die Wand

(7) *Grätschwinkelsprünge*
● mit Zwischenhupf

(8) *Handstütz-Überschlag* seitwärts
● am lfd. Band
● li/re im Wechsel

(9) *Vorhocken*
● aus dem Stütz vorlings in den Stütz rücklings
● am Pauschenpferd

(10) *Klimmziehen*
● aus dem Ansprung an das sprunghohe Reck
● mit Rist- oder Kammgriff

Kreisbetrieb – Schulsport (ab 6. Klasse) Grundlagentraining (Turnen)

(1) Heben in den *Kipphang,* Senken in den Hang rücklings (Rückbewegung)

- aus Hangstand/Hang
- Variationen der Beinhaltung

(2) *Sprung-Flanke,*
Sprungwende
Sprunghocke

- über zwei Kästen
- li/re im Wechsel

(3) *Sprung-Grätsche*

- über hintereinandergestellte Böcke (Bockkette)
- aus drei Anlaufschritten und Rolle vorwärts

(4) Sprung in den *Stütz*

- am brusthohen Reck
- Hüftabzug vorwärts durch den Kipphang
- in den Hangstand/Hang

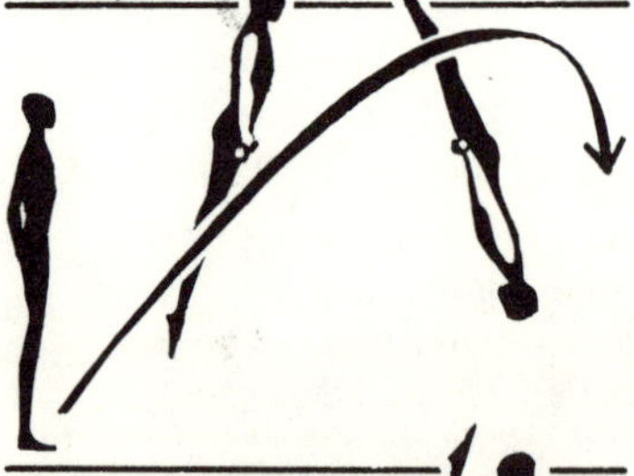

(5) *Felgaufschwung* zum Streckstütz

- am brusthohen/reichhohen Reck
- Niedersprung

(6) *Rolle vorwärts*
- aus dem Hockstand/Stand in den Hockstand/Stand/Sitz

sofort

Rolle rückwärts
- in den Hockstand/Stand
- ohne/mit flüchtigem Handstand
- durch den Handstand

oder
- mit Streckung – 1/2 Drehung

(7) *Rückfallkippe*
am Barren am laufenden Band

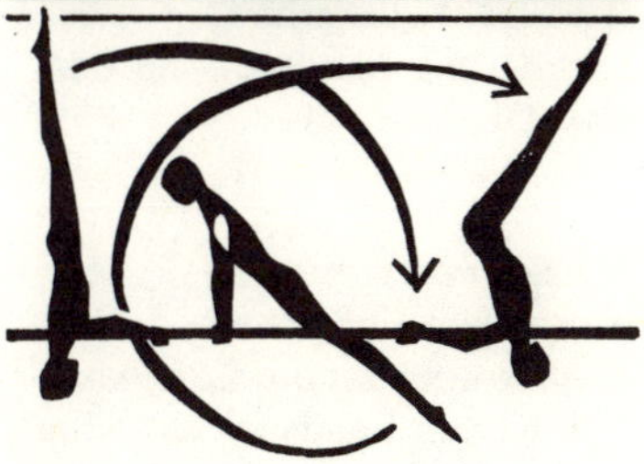

(8) *Heben* der Beine
- aus dem Hang in den Winkelhang und
- Grätschen und Schließen der Beine

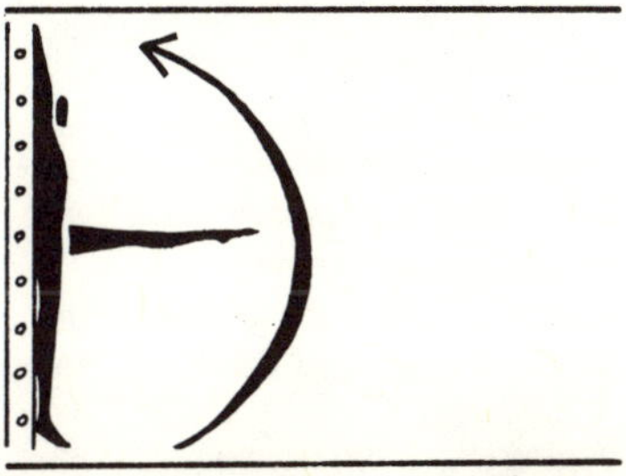

(9) Heben in den *Kopfstand*
- aus dem Hockstand/Grätschwinkelstand/Liegestütz (auch mit Abrollen vorwärts – Strecksprung mit 1/2 Drehung oder Drücken in den Handstand)

(10) *Klimmziehen*
- am Hochreck
- mit Ansprung
- aus dem Streckhang
- mit Rist- oder Kammgriff
- ohne/mit Zusatzlast

oder

Kehrhasche
- am Stützbarren

Kreisbetrieb (intensiv) — Schulsport-Differenzierung der Belastung 5. bzw. 10. Kl. = ohne bzw. mit Zusatzlast
3 Schüler üben an jeder Station nacheinander

(1) *Klimmziehen*
- im Schrägliegehang

(10. Kl. mit Sandsack auf der Brust)

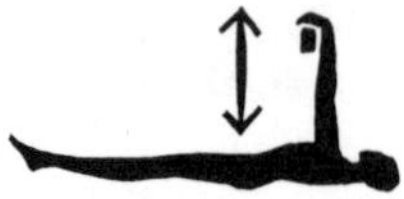

(2) *Seitwärtssprünge*
- aus dem Fußgelenk
- über umgekippte Langbank

(10. Kl. mit Sandsack auf Schultern)

(3) *Rumpfbeugen*
- vorwärts-rückwärts
- im Reitsitz an der Langbank mit fixierten Beinen

(Kopf berührt die Matte beim Rückbeugen und die Bank beim Vorbeugen)
(10. Kl. mit Medizinball)

(4) *Liegestütz-wechselhüpfen*
- **ohne** Strecksprung
- **ohne** Armbeugen

(10. Kl. mit Strecksprung)

(5) *Hampelmann*
- mit Medizinball

(10. Kl. mit 20–30 kg Scheibenhantel)

(6) *Aufstehen aus der Rückenlage*
● aus der Rückenlage zum Hockstand und Aufstehen
(10. Kl. mit Strecksprung)

(7) *Überspringen* und *Durchkriechen*
● eines Kastenteils
(10. Kl. 76-cm-Hürde)

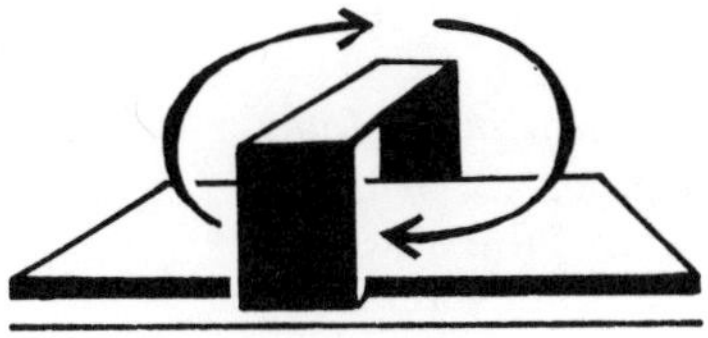

(8) *Hockwenden*
● an der Langbank / tiefen Kasten
(10. Kl. hüfthoch)

(9) *Rumpfbeugen*
● vorwärts
● in Grundstellung/Grätschstellung
(10. Kl. mit Rundgewicht)

(10) *Sprung* in den Stütz
● am Barrenende (brusthoch)
● Niedersprung
(10. Kl. am Hochbarren oder Beugestütze)

Kreisbetrieb (intensiv) akz. Leichtathletik
Schulsport (ab 7. Klasse)
Grundlagentraining (Leichtathletik)

(1) *Steigesprünge*
● aus 3 bis 5 Anlaufschritten
● Absprung re/li vom Kastendeckel
Landung, Weiterlaufen
(li/re im Wechsel)
6 × (3 × li/3 × re)

(2) *Medizinballstoßen*
● gegen die Wand
● aus Frontalstellung
● aus der Stoßauslage
10 × (5 × re/5 × li)
Achtung: Strecke beide Fußgelenke! Ellbogen hinter dem Ball! Finger zeigen zum Kinn!

(3) *Balldribbling* und *Slalomlauf*
● um 4 bis 6 Hochsprungständer/Speere
● mit Basketball/Handball 5 ×

(4) *Stoßen*
● mit Reckstange/Kurzhantel
● aus der Grundstellung und leichtgebeugten Knien
● von der Brust

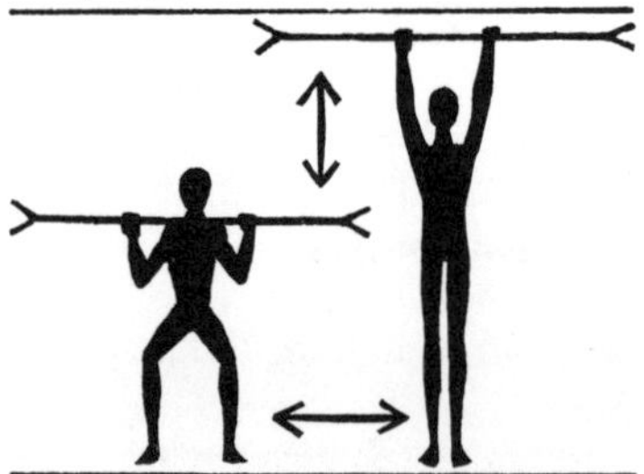

(5) *Hochspringen*
● Hocksprünge von vorn aus 3 Anlaufschritten
oder
Standflop
● über schräggespanntes Gummiband oder mit Gummiband befestigte Latte
● auf Mattenberg als Zonenspringen

(6) *Medizinballwurf*
beidhändig aus der Bogenspannung
- gegen die Wand
- aus leichter Grätschstellung/ Schrittstellung = li vor re beim Rechtshänder!

10 ×

(7) Kombination
Liegestütz-*Armbeugen und -strecken*
- und sofort anschließend *Hockstrecksprünge*

(kein Liegestützwechselhüpfen mit Strecksprung!)
3 × 3 komb. Übungen

(8) *Schlagwurf*
gegen die Wand
- aus der Grundstellung mit Vorsetzen li zur Schrittstellung
- mit Vollball/Handball

(auch als Zielwurf)
10 ×

(9) *Einbeinsprünge*
an der Langbank
- in leichter Vorwärtsbewegung
- *ohne*/mit Zusatzlast

6 × (li/re)

(10) *Taschenmesser*
- mit gegrätschten Beinen
- Handklatsch auf den Boden

10 ×

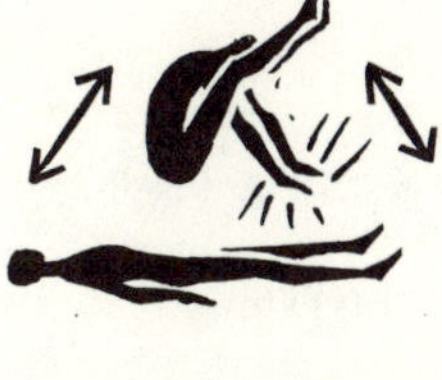

Kreisbetrieb/Circle-Training (intensiv)
akz. Arm-Rumpf-Muskulatur

(1) *Medizinballwurf* gegen die Wand
● aus der Rückenlage mit Aufrichten des Oberkörpers (Beine fixiert!)

(2) *Medizinballwurf*
● rückwärts über den Kopf gegen die Wand
● aus Rumpfbeugen vorwärts mit Nachfedern

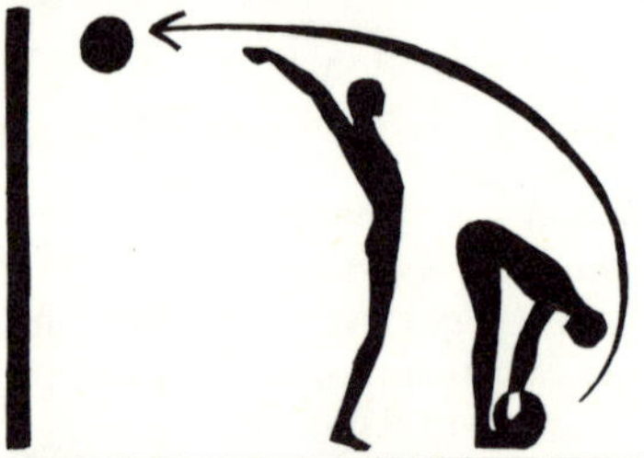

(3) Klimmziehen
● im Schrägliegehang
● ohne/**mit** Zusatzlast (Sandsack)
oder
● aus Ansprung an Hochreck/ Leiter

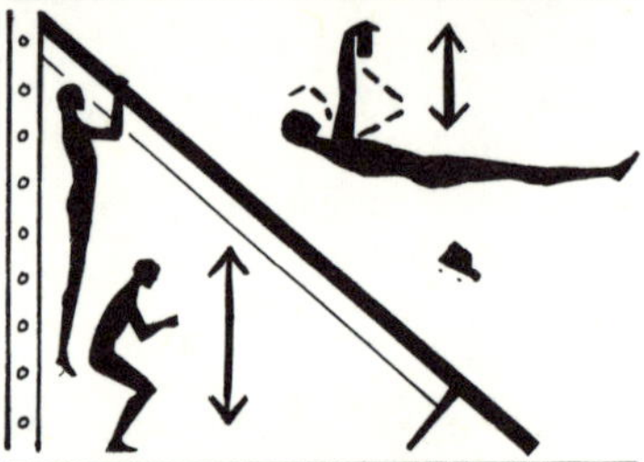

(4) *Sandsackschwingen*
● **beidhändig**/einhändig Armkreisschwünge (wie bei Hammerwurf)
Beachte! Griff = re Hand **über** li Hand
Tiefpunkt re seitlich unten
Hochpunkt-li seitlich oben

(5) *Liegestützwechselhüpfen*
● ohne
● **mit** Strecksprung

(6) Schockwurf
- mit Vollball/Med.-Ball
- gegen die Wand
- aus Frontalstellung/Wurfauslage
- li/re

(7) *Bankdrücken*
(Langbank)
- aus dem Stand (brusthoch) mit leicht gebeugten Knien
- aus der Tiefkniebeuge

Beachte: Untergriff!

(8) *Adlerschwünge*
- ohne/mit Zusatzlast
- an Langbank-Sprossenwand Kasten-Sprossenwand Kasten-Barren

(9) *Wandergreifen*
oder
Hangzucken
- an waagerechter/schräger Leiter/Balken

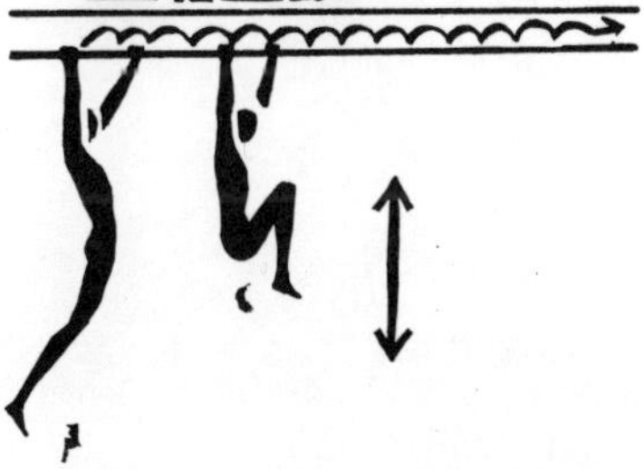

(10) *Einrollen*
- am Tau/Schaukelringen/Hochbarren
- mit Zwiegriff

Circle-Training
(intensiv)

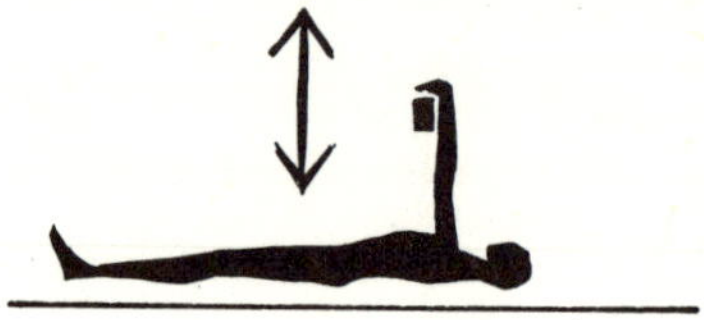

(1) *Klimmziehen*
● im Schrägliegehang
● an Schwebebalken/Reck

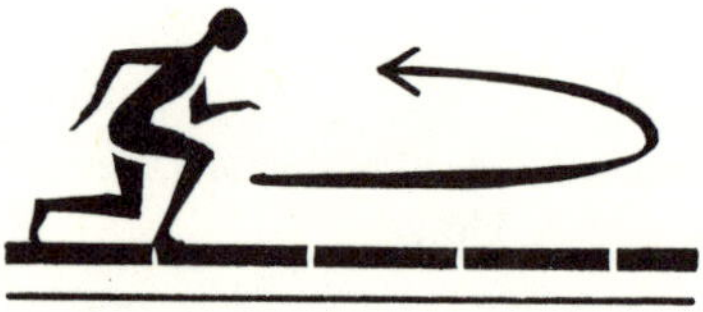

(2) *Entengang*
● nach Metern

(3) *Taschenmesser*

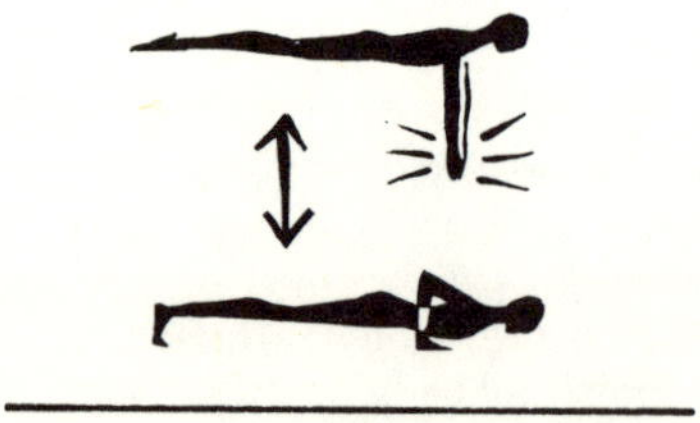

(4) *Liegestütze*
● normal
● mit Handklatsch

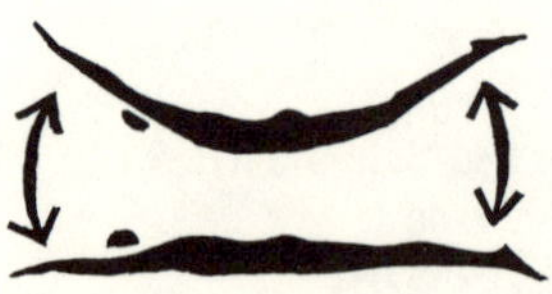

(5) Gleichzeitiges *Heben* des Oberkörpers und der Beine
● aus der Bauchlage
(auch als Wiegemesser)

(6) *Liegestütz*
- rücklings
- zwischen zwei Kästen
- mit Anheben der Hüfte

(7) *Hockstrecksprünge*
- mit Anhocken der Beine
- Hände zwischen den Beinen

(8) *Aufsitzen*
- aus der Rückenlage
- in den Hockstand

(9) *Medizinballwurf*
- beidhändig
- gegen die Wand
- aus Grätschstellung/Schrittstellung

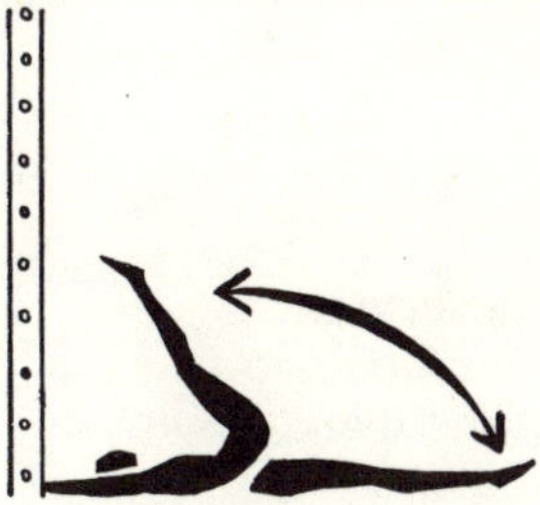

(10) *Heben* der Beine
- aus der Rückenlage

Circle-Training
(intensiv – extensiv)

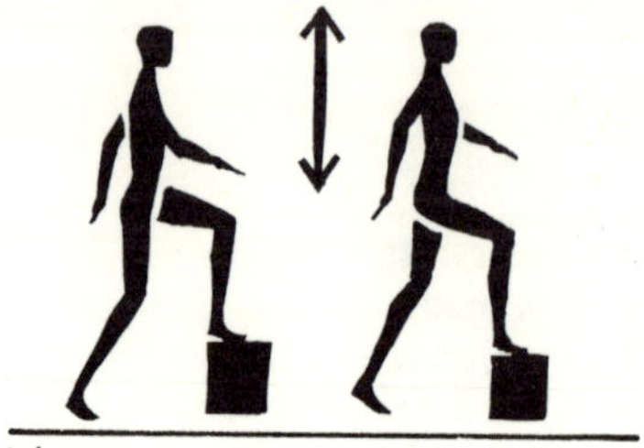

(1) *Steigeübung*
● an Langbank/Kasten
● auch mit Absprung
● li/re im Wechsel

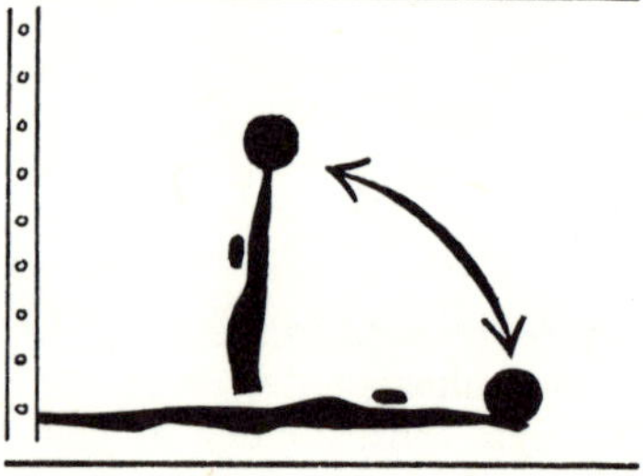

(2) *Aufrichten*
● des Oberkörpers aus der Rückenlage
● auch mit Medizinball

(3) *Liegestütze*
● ohne/mit Handklatsch

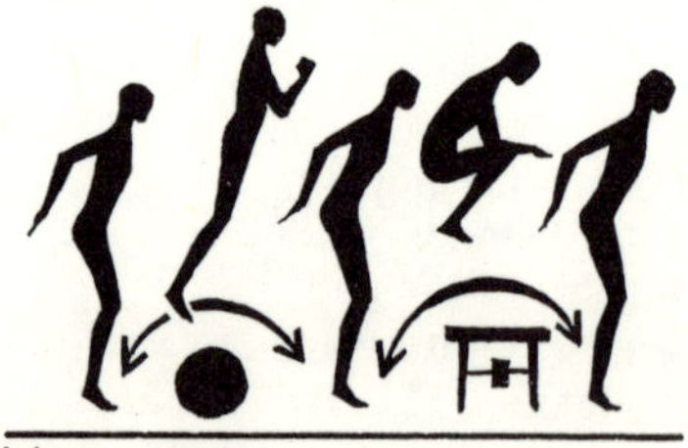

(4) *Strecksprünge*
● aus dem Fußgelenk
● über Medizinball, Bank
● vorwärts – rückwärts
● seitwärts

(5) *Adlerschwünge*
● ohne/mit Medizinball
● an Kasten/Bank – Sprossenwand

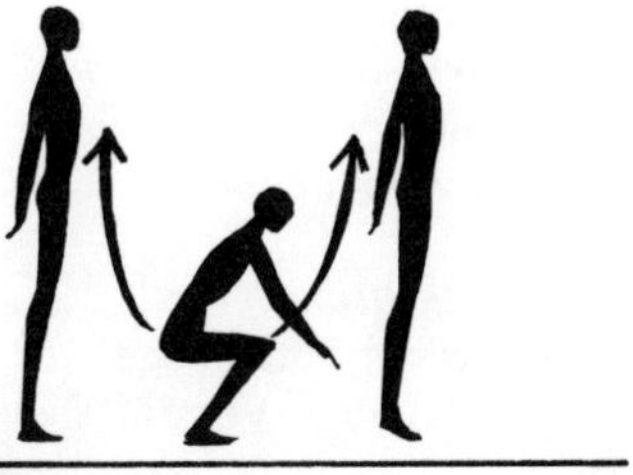

(6) *Kniebeugen*
- mit Streckung im Fußgelenk
- mit leichtem Absprung
- ohne/mit Zusatzlast

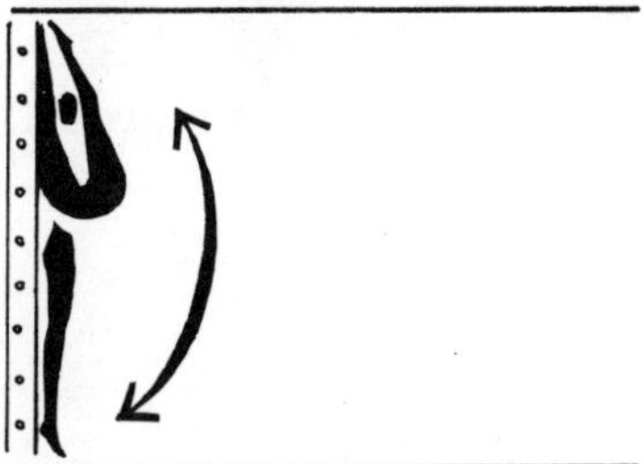

(7) *Anristen*
- der Beine aus Hang
- Beinheben zum Winkelhang

(8) *Druckwurf*
gegen die Wand
- aus leichter Grätsch- oder Schrittstellung
- Ellbogen schulterhoch

(9) *Liegestützwechselhüpfen*
- mit Strecksprung

(10) *Umsetzen – Stoßen*
zweier Kurzhanteln
(„Telefonhörer“)

Circle-Training (intensiv) akzentuiert Beinmuskulatur

(1) *Strecksprünge*
- aus halber Kniebeuge
- mit leichter Vorwärtsbewegung
- weiches Abfangen des Körpergewichtes auf den Fußballen

(2) *Liegestütze*
- mit Handklatsch

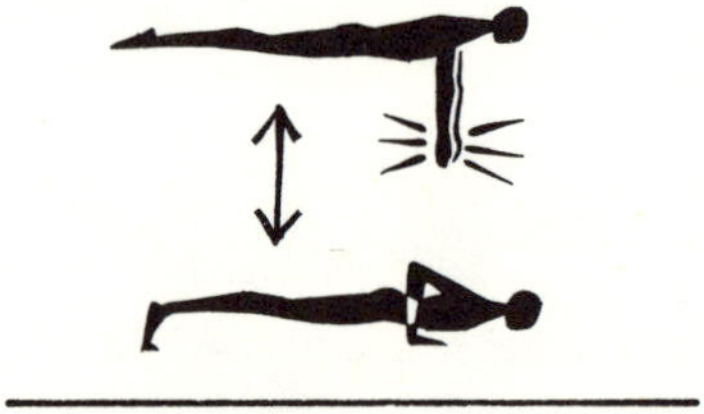

(3) *Tiefkniebeuge*
- mit leichter Absprungstrekkung im Fußgelenk
- ohne/mit Zusatzlast (Sandsack 5–7,5 kg)

(4) *Taschenmesser*
- mit gegrätschten Beinen und Handklatsch auf den Boden

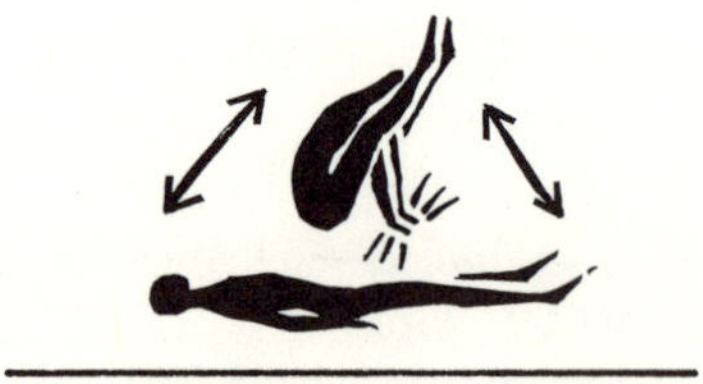

(5) *Wechselsprünge*
- im Ausfallschritt li/re
- ohne/mit Drehung

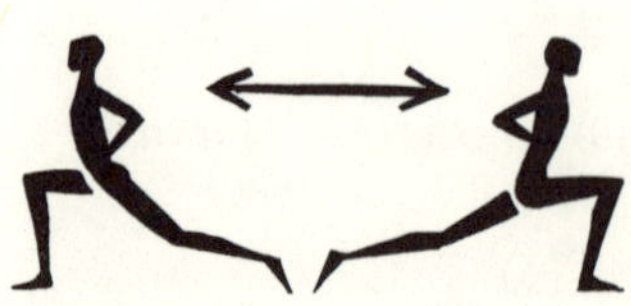

(6) *Aufstehen* aus der Rückenlage durch den Hockstand

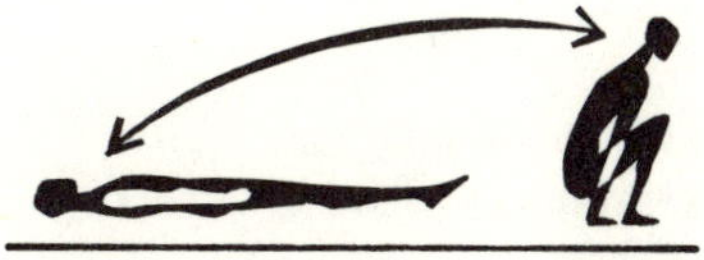

(7) *„Tscherbakis“*

- am Ort
- in leichter Vorwärtsbewegung
- gleiches (li/re) oder widergleiches Anreißen des Oberschenkels

(8) *Anristen*
der Beine

- aus dem Hang

(9) *Hochwerfen*
des Medizinballes

- aus entspannter Rumpfbeuge vorwärts und leichter Grätschstellung

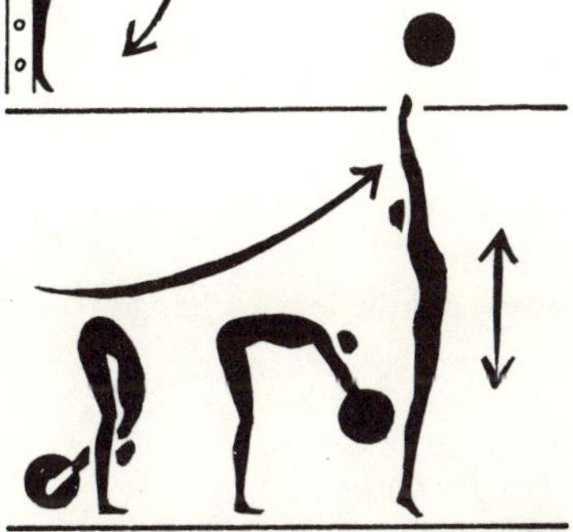

(10) *Liegestütz*-wechselhüpfen

- mit Armbeugen und Strecksprung

Circle-Training
(intensiv)
akz. Beinmuskulatur
(Sprinter, Läufer, Springer)

[Nach jeder Station: Entspannungsübungen, z. B. 1 + 1a; 2 + 2a usw.]

(1) *Einbeinsprünge*
- an der Langbank
- **ohne**/mit Zusatzlast
- 6 × li/6 × re

(2) *Strecksprünge*
- aus leichter Kniebeuge
- Anschlagen an Basketballbrett/-korb
- mit beiden Händen (Höhenorientierer verwenden!)

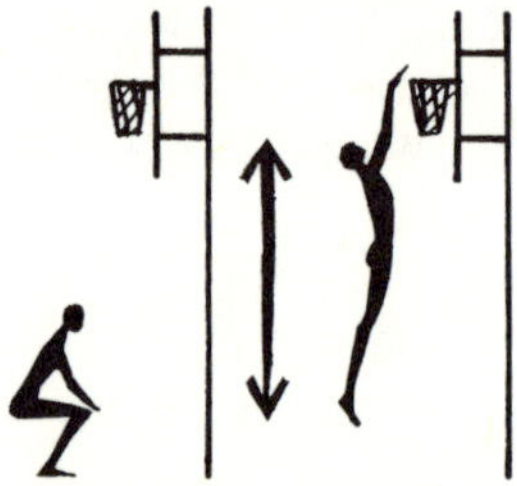

(3) *Vorschnellen* der Unterschenkel aus dem Hockstand
- flach
- mit deutlichem Höhengewinn

(4) *„Tscherbakis"*
- ohne/mit Ausschleudern des Unterschenkels
- am Ort – ohne Beinwechsel
- in leichter Vorwärtsbewegung und Beinwechsel

(5) *Hockstrecksprünge* mit geöffneten Knien
- Arme zwischen den Beinen

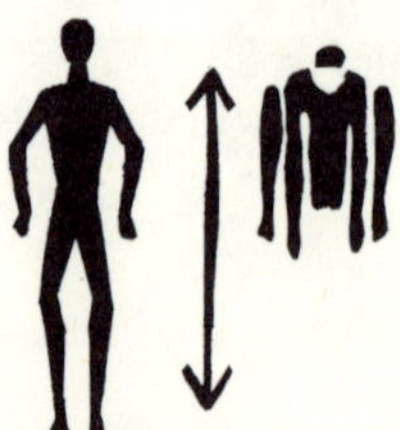

(1a) *Anspannen/Entspannen*

● Rückenlage – Beine anhokken und mit den Armen fest umklammern (anspannen!) Zähle bis 5!

● Rückenlage – Beine locker gegrätscht, Füße mit leichter Auswärtsdrehung (sog. 10-min-vor-2-Uhr-Stellung), Arme liegen mit aufwärtszeigenden Handflächen neben dem Körper

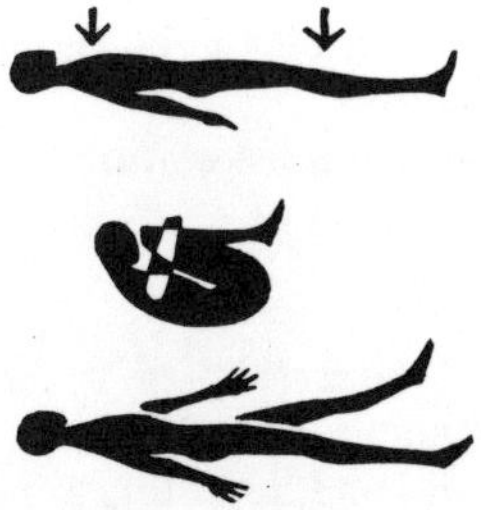

(2a) *Anspannen/Entspannen*

● Bauchlage – Heben des Oberkörpers, der Arme und Beine (Spannen bis 5)

● Ablegen des Kopfes, der Arme (Seithalte), der Beine (Grätschstellung)

(3a) *Anspannen/Entspannen*

● Rückenlage – Arme und Beine gegen Boden drücken (bis 5)

● Kerze – Radfahren und seitliches Ausschütteln

(4a) *Anspannen/Entspannen*

● Rückenlage mit Unterarmstütz – Beine anheben, Füße strecken, Grätschen und Schließen der Beine (bis 5)

(5a) *Anspannen/Entspannen*

● Rückenlage – wie bei 1a

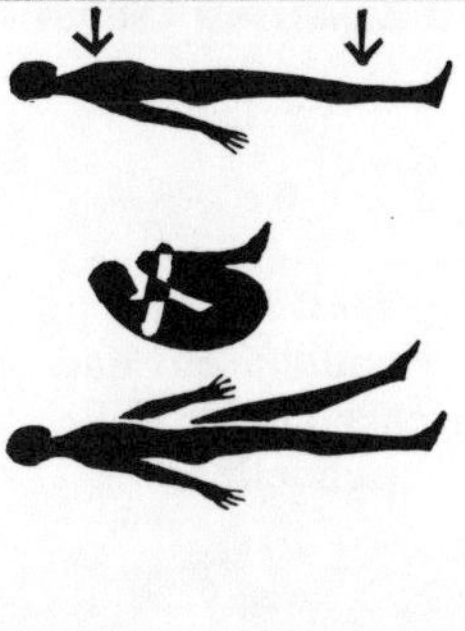

Kreisbetrieb/Circle-Training (intensiv)
akz. Beinmuskulatur
(Fortsetzung)

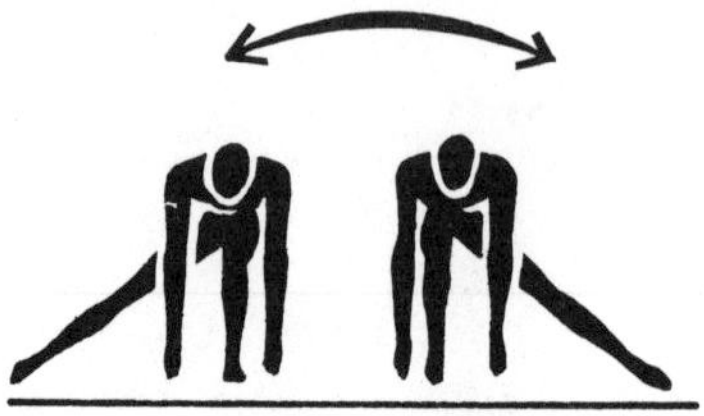

(6) *Wechselhüpfen*
- ohne/mit Nachfedern
- im Hockliegestütz re/li
- mit Seitspreizen re/li

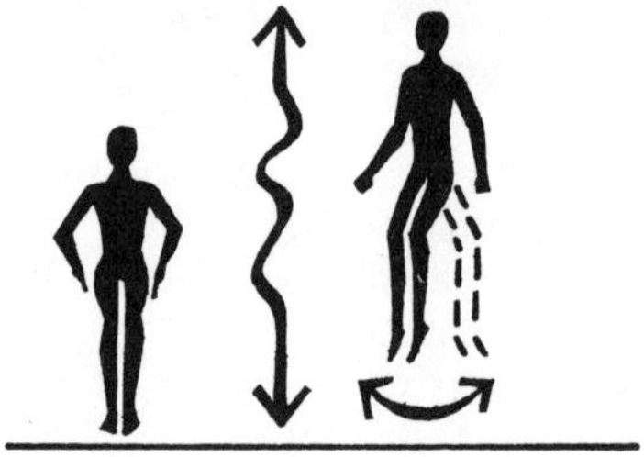

(7) *Strecksprünge*
- mit schnellem Hüfttwist

oder
- in die Bogenspannung und „Abdrehen" beider Beine und des Kopfes nach li/re
- Blick über die Schulter zu den Fersen

(8) *Sprunglauf*
- ohne/über Hindernisse

2 × bis 3 × 20 m

(9) *Strecksprünge*
- aus leichter Kniebeuge
- am Ort in leichter Vorwärtsbewegung
- Landung auf dem Fußballen
- mit Zusatzlast (Sandsack)

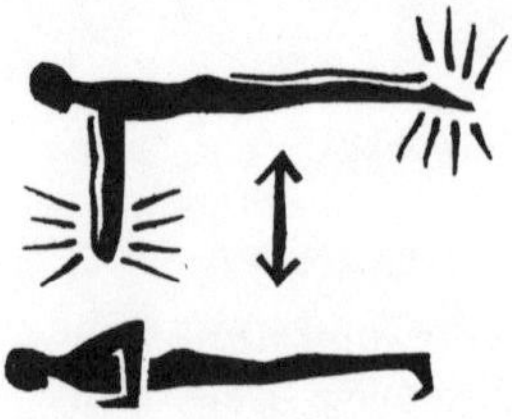

(10) *Liegestütz*
mit Handklatsch und Zusammenschlagen der Füße (Bodenschnelle)

(6a) *Anspannen/Entspannen*

● Rückenlage mit Unterarmstütz – flaches, langsames Radfahren mit angespannten Muskeln (bis 5)

● Beine gebeugt auf den Boden absetzen, kräftige Schüttelbewegung

(7a) *Anspannen/Entspannen*

● Rückenlage – Kinn zur Brust, Arme, Hände, Beine drücken gegen Boden (bis 5)

● Kopf ablegen, Mund leicht öffnen, Handflächen nach oben, Füße = 10-vor-2-Stellung

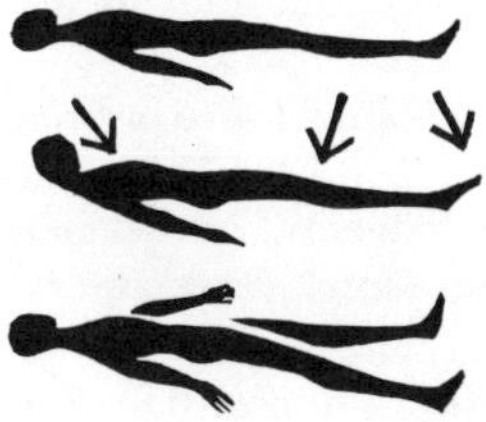

(8a) *Anspannen/Entspannen*

● Schwebesitz mit Armstütz – Beine angespannt so hoch wie möglich anheben und Oberkörper dabei aufrichten

● Beine absetzen, locker grätschen, Füße „10-vor-2-Stellung“, ausschütteln!

(9a) *Anspannen/Entspannen*

● Bauchlage – Arme gestreckt, ganzer Körper drückt gegen den Boden (bis 5 zählen!)

● Drehung zur Rückenlage – entspannen wie 7a

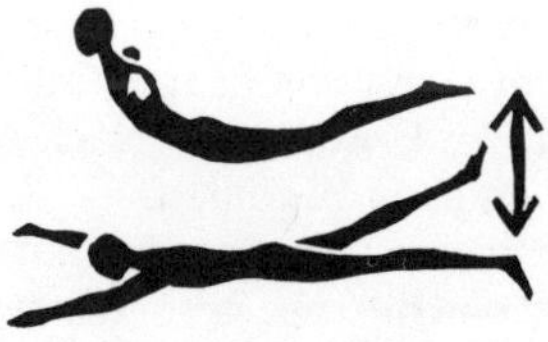

(10a) *Anspannen/Entspannen*

● Rückenlage – Beine anhokken, Arme umklammern Beine, Knie zur Brust (bis 5 zählen!)

● Kerze – entspanntes gleichzeitiges Hochschnellen beider Beine (sog. „Schnappen“) – Ausschütteln.

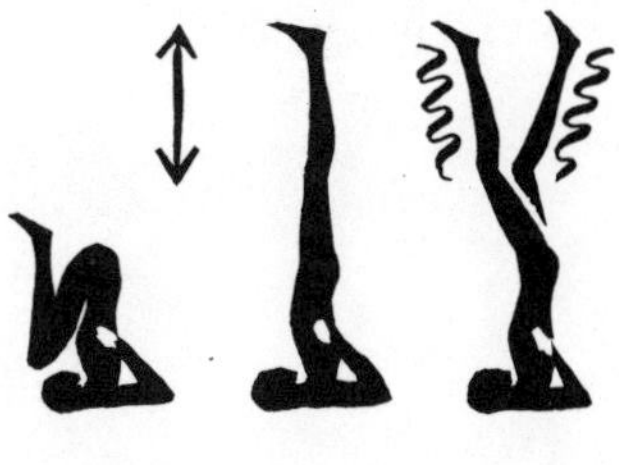

11. Fitneß-Training zu Hause – wie und was?

Beim Fitneß-Training zu Hause hat sich das Absolvieren sogenannter Kurzkreise mit folgenden Belastungsvarianten bewährt:

1. Jede Übung wird in einer Serie bis zu 30mal wiederholt. Nach jeder Serie folgen 1 bis 2 min Pause. Der Puls sollte dabei zumindest bis auf 120 Schläge/min zurückgehen. Je nach Leistungsfähigkeit können bis zu drei Durchgänge absolviert werden.

2. Jede Übung wird in drei Serien zu 10 Wiederholungen ausgeführt. Auf jede Zehner-Serie folgt 1 min Pause. Sind maximal weniger als 10 Wiederholungen möglich, so sollte versucht werden, ein und dieselbe Übung so oft wie möglich 3mal hintereinander zu wiederholen. Die Pause zwischen den Serien beträgt auch dann zumindest 1 min.
Wichtig für das Üben zuhause ist – wie auch bei jedem anderen Training – die richtige Erwärmung vor dem Übungsbeginn. Fangen Sie mit leichten Übungen an. Beziehen Sie Schritt für Schritt alle Bereiche des Körpers und die wichtigsten Muskelgruppen ein (Beine, Bauch, Arme/Schultern, Rücken). Dadurch werden die Muskeln gelockert und vorgedehnt. Wenn die Muskeln auf die Belastung sozusagen eingestimmt sind, sollte der Kreislauf mit schnelleren Übungen und Laufen (auch auf der Stelle) angeregt werden.
So vorbereitet, vermeiden Sie Verletzungen, Ihre Leistungsfähigkeit beim Üben erhöht sich spürbar. »Vergessen« Sie deshalb auf keinen Fall die Erwärmung. Nach einer kleinen Verschnaufpause kann das Üben dann beginnen.
Nach dem Üben werden mit Lockerungsübungen der Kreislauf beruhigt und die angestrengten Muskeln entspannt. Abruptes Beenden des Übens sollte vermieden werden.
Richtiges Aufwärmen und ein guter Ausklang tragen zum Vermeiden eines Muskelkaters bei.

Kurzkreise für das Training zu Hause

Leichter „Kurzkreis"
(1) Schrägliegestütz
(2) Rumpfheben und -senken im Strecksitz
(3) Ausfallschritt seitwärts mit Nachfedern
(4) Rumpfheben bis zur Waagerechten – Vorbeugen aus dem Grätschstand

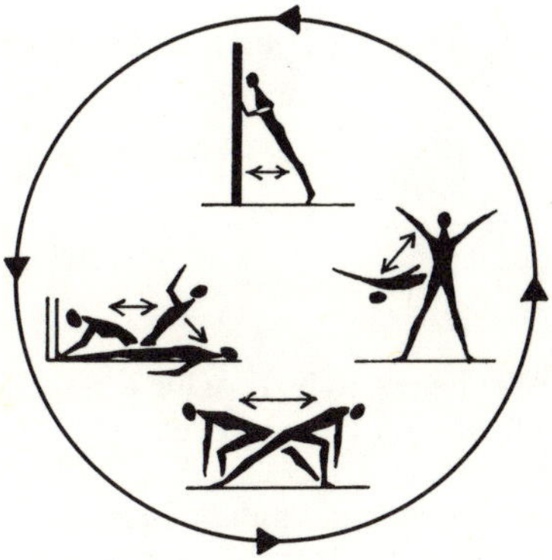

Mittlerer „Kurzkreis"
(1) Liegestütz
(2) Taschenmesser-Übung
(3) Tiefkniebeuge
(4) Rumpfbeugen und -strecken aus dem Grätschstand (Kopf zwischen die Beine stecken)

Schwerer „Kurzkreis"
(1) Liegestütz aus erhöhter Stützfläche der Füße
(2) Schwebesitz
a) Beine grätschen und schließen
b) Beine anhocken und strecken
c) Beine kreuzen
(3) Kniebeuge mit einem Bein
(4) Aus der Grundstellung Rumpfbeugen und -drehen (bei der Streckung werden die Beine links und rechts im Wechsel nach hinten geschlagen)

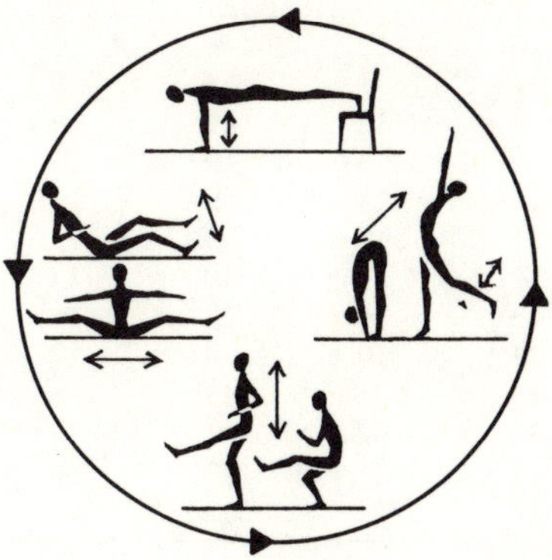

12. Wie gut sind meine erreichten Leistungen?

Wer beim Circle-Training regelmäßig ins Schwitzen gerät, der will vor allem zwei Dinge wissen:

1. Wie gut sind meine Leistungen?
2. Wie schnell verbessern sich meine Leistungen?

Neben dem direkten Vergleich mit anderen gibt es in Tests und in der Praxis erprobte Vergleichsmöglichkeiten. Dazu dienen die folgenden Tabellen 7 bis 11 (nach STEMMLER).
Wer untrainiert ist, wird anfänglich rasche Leistungsfortschritte feststellen. Mit steigender Leistungsfähigkeit werden auch die Fortschritte geringer sein. Tritt eine Stagnation ein oder werden die Übungen ohne große Anstrengung absolviert, dann ist es Zeit, die Belastung höher zu dosieren.

Tabelle 7 Liegestütze – Beugen und Strecken der Arme

Alter	Sehr gut		Gut		Befriedigend	
(Jahre)	männlich	weiblich	männlich	weiblich	männlich	weiblich
6	10	8	7	5	4	3
7	11	8	8	5	5	3
8	12	9	9	6	6	3
9	13	9	10	6	7	3
10	14	9	11	6	8	4
11	15	9	12	7	9	4
12	17	10	14	7	10	4
13	19	10	16	7	11	4
14	20	10	17	7	12	5
15	21	11	18	8	13	5
16	22	11	19	8	14	5
17	23	12	20	8	15	6
18	24	12	21	8	15	6

Tabelle 8 Schlußstrecksprünge aus dem tiefen Hockstand (Anzahl)

Alter (Jahre)	Sehr gut männlich	weiblich	Gut männlich	weiblich	Befriedigend männlich	weiblich
6	12	12	10	9	7	7
7	18	17	14	12	10	9
8	23	21	18	15	12	11
9	28	25	23	18	14	12
10	32	27	27	19	16	14
11	34	28	29	20	18	15
12	36	29	31	20	20	15
13	38	30	33	20	23	15
14	40	30	35	20	25	15
15	45	35	40	25	30	20
16	50	35	45	28	35	23
17	55	40	50	30	40	25
18	60	40	55	32	45	27
Zusätzlich: Kniebeuge einbeinig	15	10	10	7	5	4

Tabelle 9 Klimmziehen – für 6- bis 10jährige aus dem Schrägliegehang, ab 11 Jahre aus dem Streckhang (Anzahl)

Alter (Jahre)	Sehr gut männlich	weiblich	Gut männlich	weiblich	Befriedigend männlich	weiblich
6	14	10	10	7	6	3
7	17	12	13	8	8	4
8	21	14	15	10	9	5
9	25	17	18	12	10	6
10	29	20	21	12	12	8
11	5	3	4	2	3	2
12	6	3	5	2	3	2
13	6	3	5	2	3	2
14	7	3	6	2	4	2
15	7	3	6	2	4	2
16	8	3	7	2	5	2
17	9	3	8	2	6	2
18	10	3	9	2	7	2

Tabelle 10 Streckhang – Schwebehang (ab 11 Jahre – Anzahl)

Alter (Jahre)	Sehr gut männlich	weiblich	Gut männlich	weiblich	Befriedigend männlich	weiblich
11	14	10	12	8	9	6
12	14	10	12	8	9	6
13	15	13	13	10	10	7
14	15	13	13	10	10	7
15	18	15	15	12	11	7
16	18	15	15	12	11	7
17	21	17	18	14	13	8
18	21	17	18	14	13	8

Tabelle 11 Klettern – 4-m-Stange oder Tau (6- bis 11 jährige nach Anzahl oder Höhe, ab 11 Jahre nach Zeit oder Anzahl)

Alter (Jahre)	Sehr gut männlich	weiblich	Gut männlich	weiblich	Befriedigend männlich	weiblich
6	3,5 m	3,5 m	3,0 m	3,0 m	2,5 m	2,0 m
7	4,0 m	3,5 m	3,5 m	3,0 m	2,5 m	2,0 m
8	4/3 m*	4,0 m	4,0 m	3,5 m	3,0 m	2,5 m
9	2×4	4/3 m*	4/3 m*	4,0 m	3,5 m	3,0 m
10	3×4 m	2×4 m	2×4 m	4/3 m*	4,0 m	3,5 m
11	6,7 s	7,6 s	8,0 s	10,1 s	12,0 s	4,0 m
12	6,2 s	7,1 s	7,6 s	9,6 s	10,7 s	4,0 m
13	5,8 s	6,7 s	6,7 s	9,1 s	9,3 s	4,0 m
14	5,3 s	6,2 s	6,2 s	8,6 s	8,1 s	4,0 m
15	5,1 s	5,8 s	5,9 s	8,1 s	7,1 s	4,0 m
16	4,8 s	5,3 s	5,7 s	7,7 s	6,6 s	4,0 m
17	4,5 s	5,1 s	5,4 s	7,4 s	6,1 s	4,0 m
18	4,3 s	5,0 s	5,2 s	7,1 s	5,8 s	4,0 m

* Anmerkung: 4/3 = einmal 4 m und anschließend 3 m Klettern

13. Sportartbezogene Trainingsprogramme

Allgemeine Hinweise

Folgende Grundsätze sind bei der Anwendung sportartspezifischer Circle-Trainingsprogramme zu beachten:

- Trainingsprogramme mit allgemeinen Übungen bereiten den Einsatz sportartspezifischer Programme vor.
- Sportartspezifische Circle-Trainingsprogramme können sich zusammensetzen aus
  - allgemein- und speziellentwickelnden Übungen
  - speziellentwickelnden Übungen
  - speziellentwickelnden Übungen und Entspannungs- oder Lockerungsübungen und/oder Dehnungsübungen.
- Speziellentwickelnde Übungen stimmen in ihrer Bewegungsstruktur ganz oder teilweise mit der Bewegungsstruktur der Wettkampfübung überein. Für sportart- oder disziplinspezifische Kreistrainingsprogramme eigenen sich deshalb
  - speziell vorbereitende Übungen
  - Grundübungen
  - speziell vervollkommende Übungen

    (Alle diese Übungen müssen eine eindeutige Ausgangs- und Endposition aufweisen, trotz azyklischen Bewegungsablaufs zyklisch wiederholbar sein und einen relativ geringen Schwierigkeitsgrad haben.)
- Beim Einsatz sportartspezifischer Circle-Trainingsprogramme wird in der Regel auf einen Maximaltest verzichtet. Die Belastungsdosierung wird je nach Alter, Geschlecht, Leistungsklassifikation und Trainingszustand durch den Trainer bestimmt. Ausgangspunkt für die Vorgabe der Wiederholungen sind die zur Entwicklung der Zielgröße notwendigen oder/und zumutbaren Wiederholungen in einem relativen Intensitätsbereich.

Den Erfordernissen der Trainingspraxis entsprechend, werden für eine Reihe von Sportarten und Disziplinen Beispiele für anwendbare sportartspezifische bzw. disziplinspezifische Trainingsprogramme vorgestellt. Aus der Vielzahl der sportartspezifischen Trainingsübungen wurden jeweils 10 Übungen, die sich in der Praxis schon bewährt haben, zu einem Circle-Trainingsprogramm zusammengefaßt. Sie sind als Anregung zu weiterer schöpferischer Arbeit gedacht, sollen

lediglich die Grundorientierung für die Auswahl der Trainingsübungen und für die Belastungsgestaltung geben.
Für jede Sportart oder Disziplin besteht die Zielstellung des Trainings darin, die für das Resultat der Wettkampfleistung wichtigsten konditionellen Fähigkeiten zu entwickeln oder auf einem bestimmten hohen Niveau zu erhalten. Beim Einsatz sportartspezifischer oder disziplinspezifischer Trainingsprogramme hängt die zielgerichtete Entwicklung der leistungsbestimmenden Fähigkeiten deshalb nicht nur von der Auswahl bewegungsstrukturell geeigneter Übungen ab, sondern hauptsächlich von der Organisation und Durchführung des Circle-Trainings nach einer bestimmten Grundmethode. Der dadurch entstehende Trainingseffekt besitzt einen in hohem Grade komplexen sportart- oder disziplinspezifischen Charakter (konditionell, koordinativ-technisch, pädagogisch-psychologisch).
Entsprechend der Ziel- und Aufgabenstellung, die spezielle Leistungsfähigkeit zielgerichtet oder allgemein zu verbessern, verändert sich teilweise die Grundvorstellung für die Gestaltung des Circle-Trainings (Tab. 12).

Tabelle 12 Varianten zur Gestaltung des Circle-Trainings

Charkter der Sportart	Entwicklungsziel	Gestaltung des Circle-Trainings
Ausdauer-sportart	Ausdauer	Dauerleistungsmethode, Intervallmethode extensiv,
	Kraftausdauer	Intervallmethode extensiv, Dauerleistungsmethode
	Schnellkraft Schnellkraftausd.	Intervallmethode intensiv ohne/mit Zeitbegrenzung ohne/mit Vorgabe der Wiederholungen
Kraft-Schnellkraft-sportart	Maximalkraft	Wiederholungsmethode = Pyramidensystem; Vorgabe der Wiederholungen und der Zusatzlast je Serie
	Schnellkraft	Wiederholungsmethode = Vorgabe der Wiederholungen, Üben gegen die Tür;
	Schnellkraftausd.	Intervallmethode intensiv = mit und ohne Zeitbegrenzung, ohne und mit Vorgabe der Wiederholungen, Verlängerung der Pause
	Kraftausdauer	Intervallmethode extensiv und intensiv mit und ohne Zeitbegrenzung, ohne und mit Vorgabe der Wiederholungen
	Ausdauer	Intervallmethode extensiv, Dauerleistungsmethode

13.1. Leichtathletik

13.1.1. Lauf
Circle-Training – DLM, intensiv, extensiv

(1) *Kniehebelauf*
● Kurzer Schritt
● hohe Frequenz
Beachte! Harmonie zwischen Arm- und Beinbewegungen

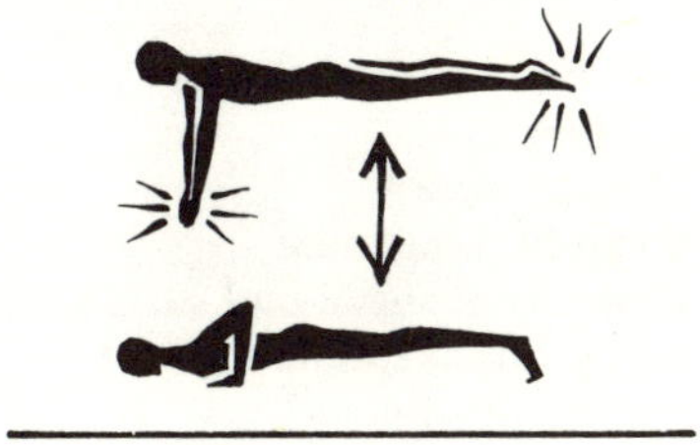

(2) *Liegestütz*
● mit Handklatsch und Zusammenschlagen der Füße (Bodenschnelle)

(3) *Taschenmesser*
● mit gegrätschten Beinen
● Hände schlagen auf den Boden

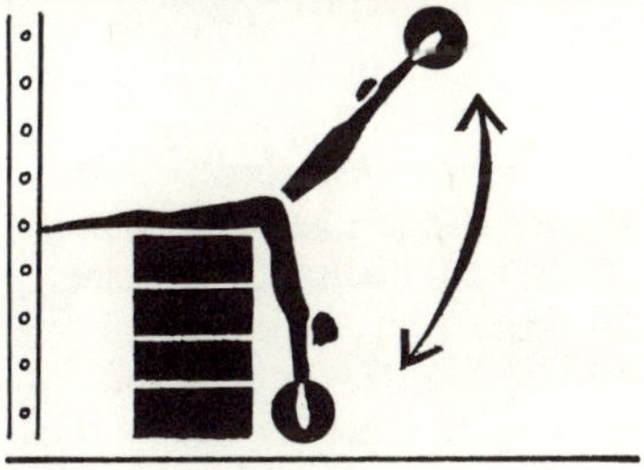

(4) *„Adlerschwünge"*
● mit Zusatzlast (Sandsack, Medizinball)
● an Kasten-Sprossenwand

(5) *Beinstrecken*
● am Herkulesgerät
oder
● aus der Rückenlage
Partner mit den Beinen wegstoßen

(6) *Klimmziehen*
● im Schrägliegehang, Streckhang
● am Reck, Herkulesgerät, Schwebebalken,
● mit Ansprung an Hochreck Leiter, Balken
(auch als Hangzucken)

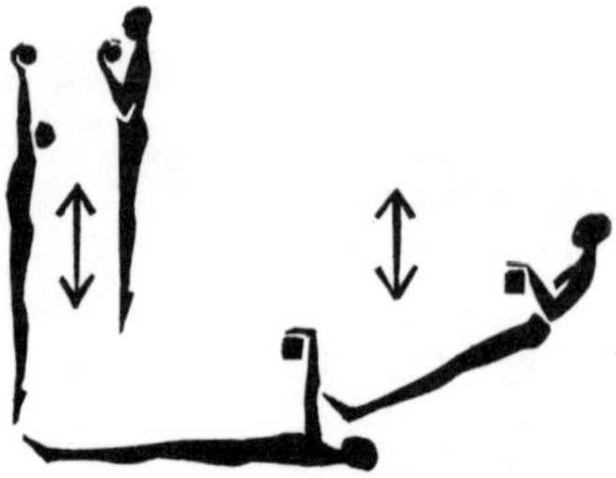

(7) *Liegestütz-wechselhüpfen*
● mit Strecksprung
● mit Armbeugen und -strecken sowie Strecksprung und Anhocken der Beine

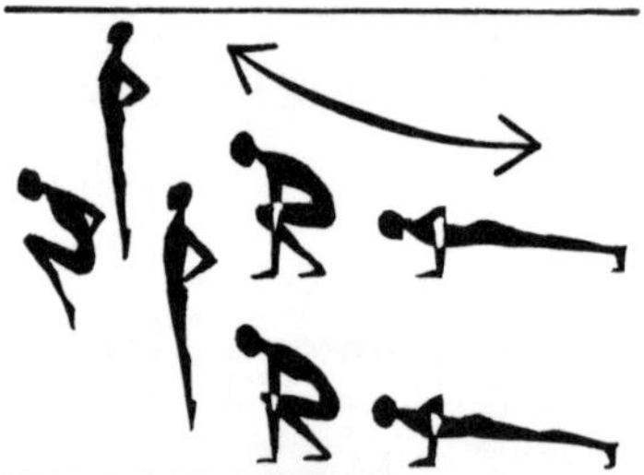

(8) *Achterkreisen*
der Beine im Schwebehang
● über Orientierer
● an Sprossenwand, Reck

(9) *Hockstrecksprünge*
● über Hindernisse (5 Hürden 76–100 cm hoch; Kastenteile; Medizinbälle)
● **ohne** / mit Zwischenhupf
● Abstand 1 bis 2,5 m

(10) *Anfersen*
● in Bauchlage
● am Herkulesgerät

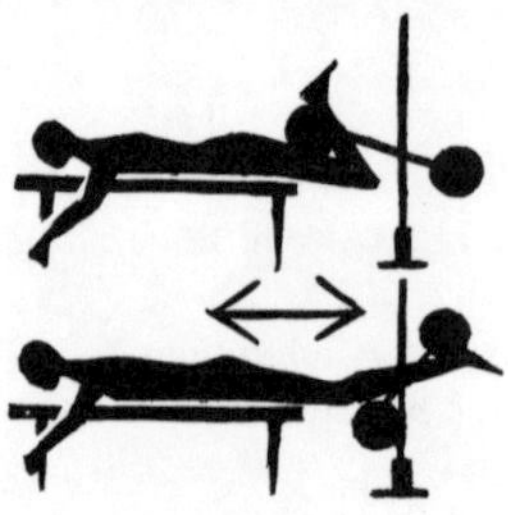

13.1.2. Hürdenlauf
Circle-Training
intensiv, extensiv

(1) *Hockstrecksprünge*
● Arme zwischen den Beinen
● **ohne** / mit Zwischenhupf

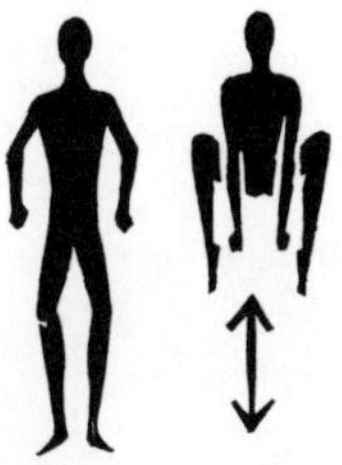

(2) *Hürdenlauf*
● mit einem Zwischenschritt (Abstand 3–4 m)
● ohne Zwischenschritt (Abstand 1,5–2,5 m)
● Hürdenhöhe 40–100 cm

(3) *Taschenmesser*
● mit Handschlag auf den Boden zwischen den gegrätschten Beinen

(4) *Liegestütz*
● mit Handklatsch und Zusammenschlagen der Füße (Bodenschnelle)

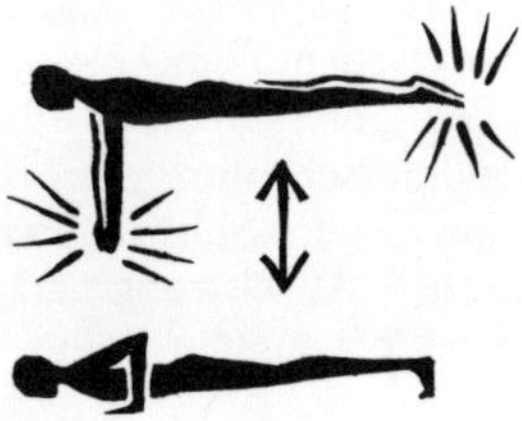

(5) Sprunghaftes *Übersteigen*
● einer Hürde vorwärts-rückwärts
(z. B. li Anschwingen/
re Nachziehen =
Vorwärts;
li Rückführen/
re Rückführen usw.)

(6) *„Tscherbakis“*
● mit Ausschleudern des Unterschenkels
● am Ort einseitig li/re
● in leichter Vorwärtsbewegung und Beinwechsel

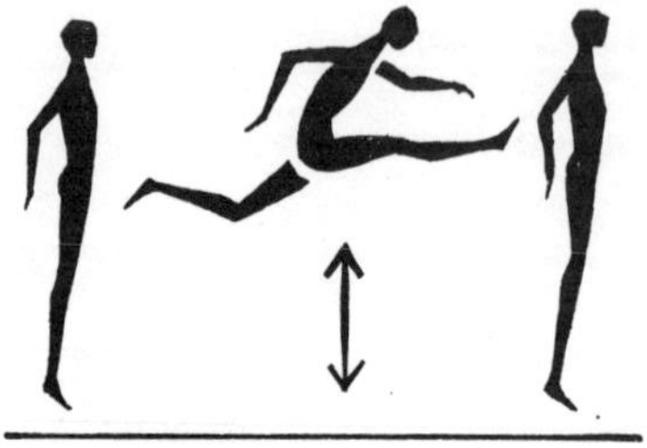

(7) *Hürdensitz*
● aus Hürdensitz (li vorn) in Hürdensitz (re vorn)
● über Liegestützrolle
oder
● Umstürzen von Hürdensitz li (li vorn) zu re

(8) *Medizinballwurf*
● rückwärts über den Kopf gegen die Wand
● aus tiefer Rumpfbeuge vorwärts
● Drehen-Fangen-Drehen zur Ausgangsposition

(9) *Wechselhüpfen*
● mit extrem hohem Ausschleudern des Unterschenkels (li/re)
● Handklatsch unter dem Knie des jeweiligen Schwungbeines (Beachte! Anschwung erfolgt mir stark gebeugtem Bein.)

(10) *Medizinballwurf* gegen die Wand
● aus der Rückenlage
● mit fixierten gegrätschten Beinen

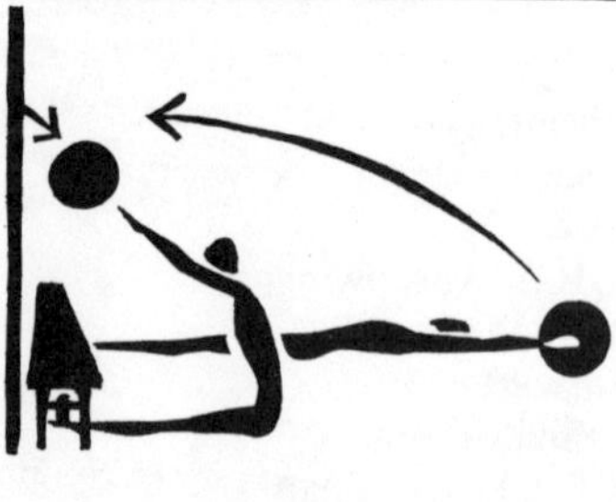

13.1.3. Gehen
Circle-Training – DLM, extensiv

(1) *Entengang*
- nach Metern

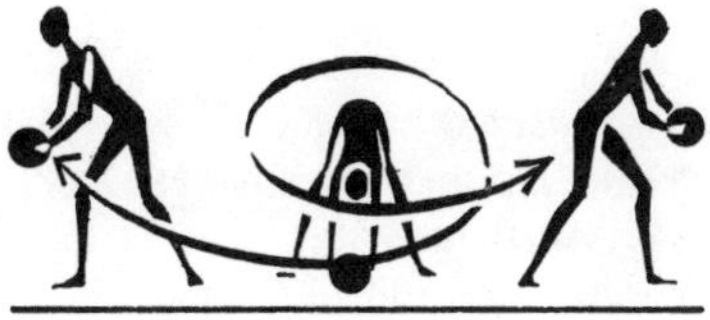

(2) *Schwunghaftes Rumpfkreisen*
- mit Medizinball
- im leichten Grätschwinkelstand
- 1 × li locker Ausschwingen – sofort ansetzen zum Rumpfkreisen re

(3) *Liegestützwechselhüpfen*
- ohne Armbeugen und -strekken,
- mit Strecksprung

(4) *Beinkreisen*
- an den Schaukelringen
- möglichst li und re
(sonst bestseitig)

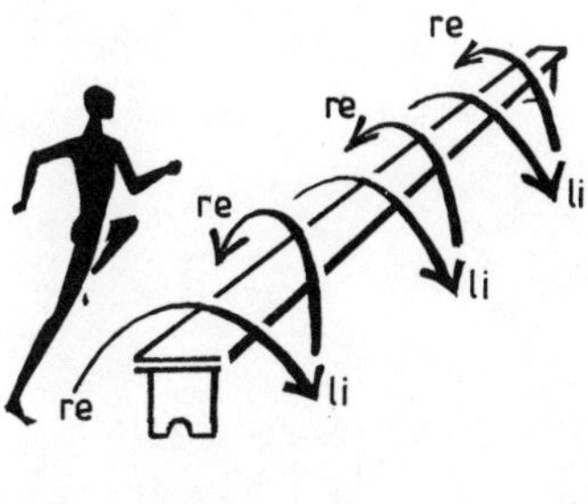

(5) *Überkreuzspringen*
- an der (umgekippten) Langbank

(6) *Taschenmesser-Liegestütz*
● im Wechsel nach Drehung von der Rückenlage in die Bauchlage und umgekehrt

(7) *Froschsprünge*
● aus Hockstand flaches Vorwärtsspringen
● Abfangen mit den Armen

(8) *Sandsackschwingen*
● nach li und re

(9) *Strecksprünge*
● mit Hüfttwist

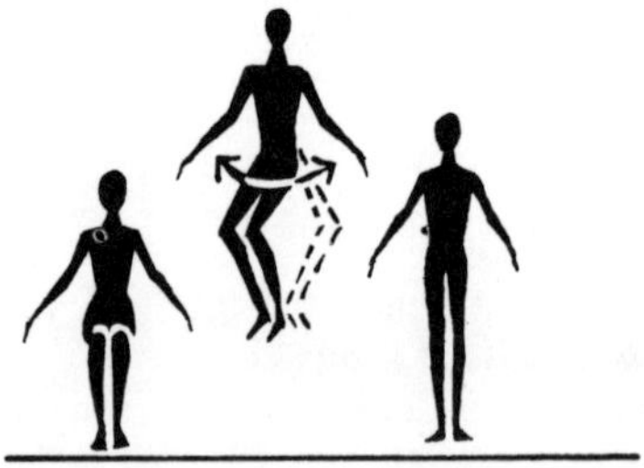

(10) *Wiegemesser*

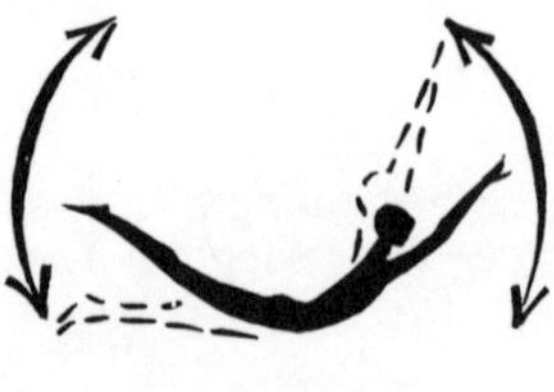

13.1.4. Weit- und Dreisprung
Circle-Training
intensiv

(1) *Tief-Hochsprung*
- zwischen zwei Kästen (Höhe 40 bis 80 cm, Abstand 1 bis 2 m)
- *ohne* Zusatzlast

(2) *Medizinballwurf*
- gegen die Wand oder auf Höhe
- aus tiefer Rumpfbeuge vorwärts
- mit leichtem Absprung beim Abwurf

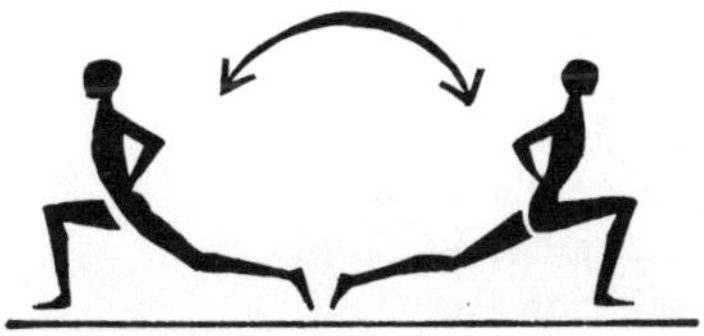

(3) *Wechselspringen*
- im Ausfallschritt
- ohne/mit Drehung

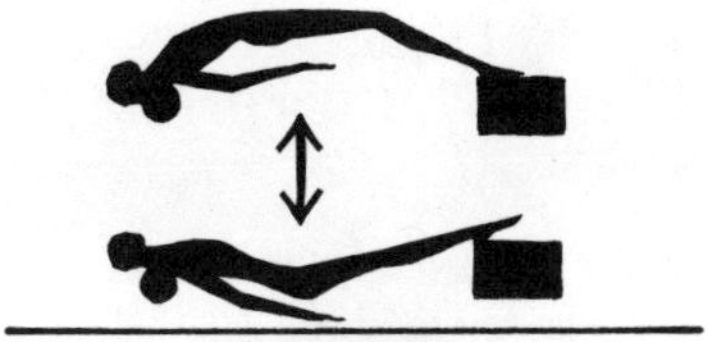

(4) *Beckenheben*
- aus Rückenlage
- erhöhte Auflagefläche für Kopf und Füße

(5) *Tscherbakis*
- zwischen zwei Kästen

oder
- am Ort einseitig li/re
- mit leichter Vorwärtsbewegung li/re im Wechsel

(6) *„Taschenmesser“*
im Wechsel mit
Bodenschnelle

(7) *Einbeinsprünge*
(3er- bzw. 5er-Sprünge)
- von Matte zu Matte
- über Medizinbälle
- aus dem Stand oder Angehen

(Beachte! Hohes Anreißen des Oberschenkels.)

(8) *Medizinballwurf*
gegen die Wand
- aus der Rückenlage
- Beine fixiert

(9) *Absprünge*
- an der Langbank
- mit leichter Vorwärtsbewegung

oder
- am Kasten am Ort
- ohne/*mit* leichter Zusatzlast

(10) *Sandsackschwingen*

13.1.5. Hochsprung/Wälzer

Circle-Training

intensiv

– ohne Zeitbegrenzung 6–10 W, 60 s Pause

(1) Einbeinige *Absprünge*
- aus dem Fußgelenk
- mit Doppelarmeinsatz
- Schwungbein locker gestreckt auf dem Kasten
- leichte Zusatzlast möglich

(2) *Wechselspringen*
- aus dem Hockliegestütz und Ausfallschritt seitwärts von li nach re

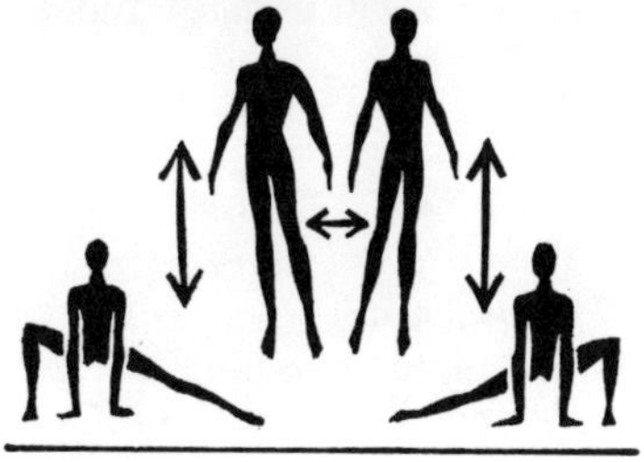

(3) *Vorhochschwingen* des gestreckten li/re Beines
- aus Liegestütz rücklings
- aus Rückenlage an der schräggestellten Bank
- im Stand vor Kasten/Sprossenwand

(Beachte! Zehen zum Schienbein.)

(4) *Hüpfen* im Hockstand mit Ausschleudern der Unterschenkel
- flach
- mit deutlichem Höhengewinn

(5) *Steigsprünge* zur überhohen Latte
- aus 3 bis 5 Anlaufschritten oder
- Aufsprünge auf den Tisch

(6) *Strecksprünge*
- aus leichter Kniebeuge
- mit Zusatzlast

oder
- aus der Tiefkniebeuge auf zwei Kästen
- Rundgewicht in den Händen

(7) *Hürdensitz*
- Umstützen von li nach re
- Vorfedern – Stirn zum Knie

(8) *Hochsprunghocke*
- über Hürden (5–6)
- Landung auf dem Sprungbein

(9) *Heben der Beine*
ins Hohlkreuz
- aus der Bauchlage auf dem Kasten – Hände fixiert an Sprossenwand
- ohne/mit Medizinball zwischen den Beinen

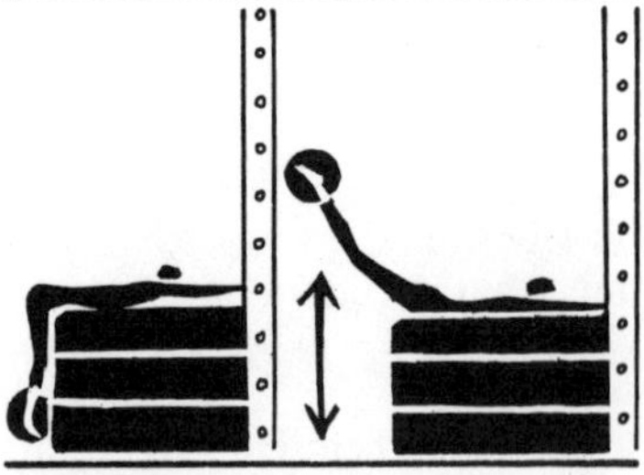

(10) *Hocksprünge*
- über 5 Hürden
- Abstand = 80–100 cm
- Höhe = 60–100 cm (ind.)

(Beachte! Nach Landung auf Fußballen sofort wieder abspringen. Über der Hürde saubere Hockhaltung.)

13.1.6. Hochsprung/Flop
Circle-Training
intensiv
ohne Zeitbegrenzung 6–10 W,
60 s Pause

(1) *Rumpfbeugen*
Vorwärts-rückwärts
- in leichter Grätschstellung
- Finger berühren Fußspitzen und Fersen

(2) *Strecksprünge*
- mit Hüfttwist
- am Ort

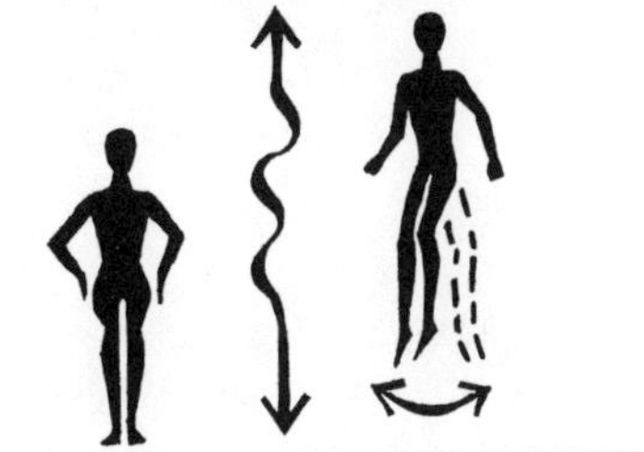

(3) *Standflop*
- über Gummiband bzw. mit Gummiband befestigte Latte
- Landung auf Mattenberg mit Rücken und ausgebreiteten Armen

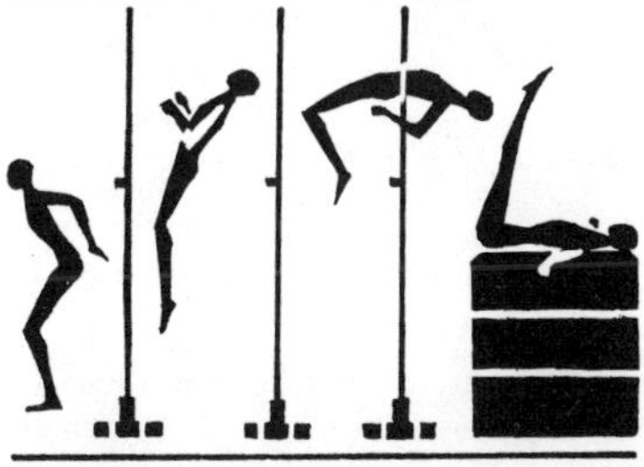

(4) *Liegestütz*
- mit Handklatsch und Zusammenschlagen der Füße (Bodenschnelle)

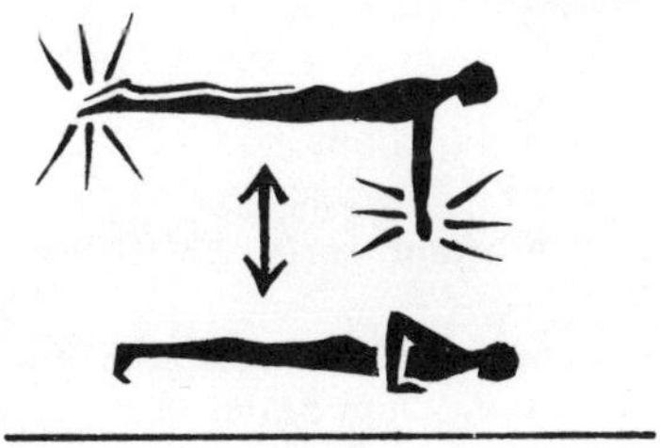

(5) *Taschenmesser*
- mit gegrätschten Beinen
- Handklatsch auf den Boden

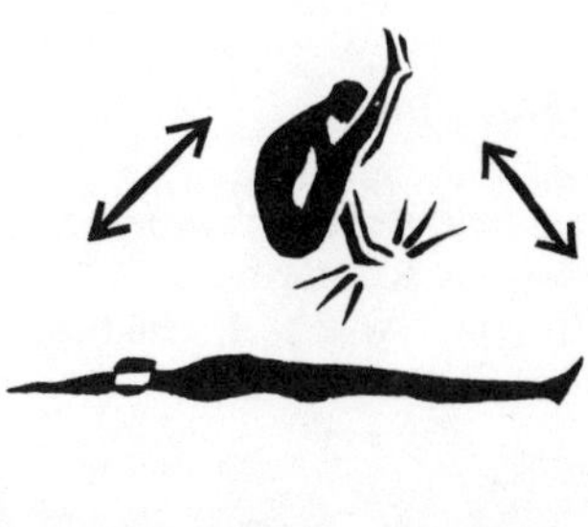

(6) *Steigsprünge*
- mit Aufsitzen auf den Tisch
- aus 3 bis 5 Anlaufschritten

(7) *Überkreuzspringen*
- über (umgekippte) Langbank

(8) *Anschlagsprünge*
- an Basketballbrett mit 1/4 Drehung
- Absprung einbeinig – Anschlag mit Gegenarm des Sprungbeines von innen nach außen/oder
- Absprung beidbeinig – Anschlag s. o.

(9) Kombination:
Hechtrolle
- zum Stand, sprunghafte Drehung –
- Rolle rückwärts durch den Handstand zum Stand usw.

(10) *Hopserlauf*
- auf Höhe
- mit betontem Schwungbeineinsatz zur Körpermitte
- li/re im Wechsel, dadurch leichter Zickzackkurs

13.1.7. Stabhochsprung
Circle-Training
intensiv, extensiv

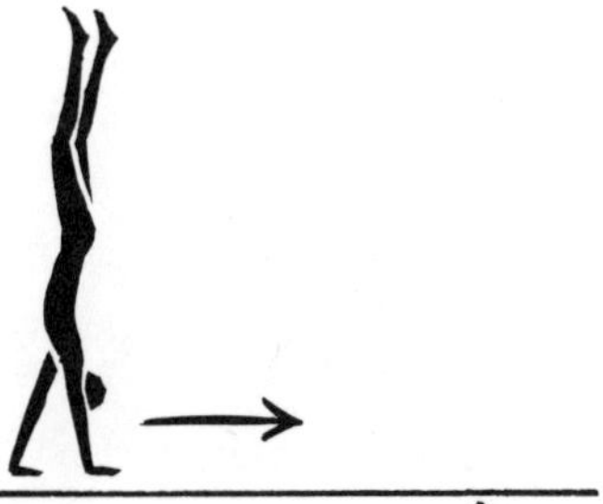

(1) *Handstandgehen*

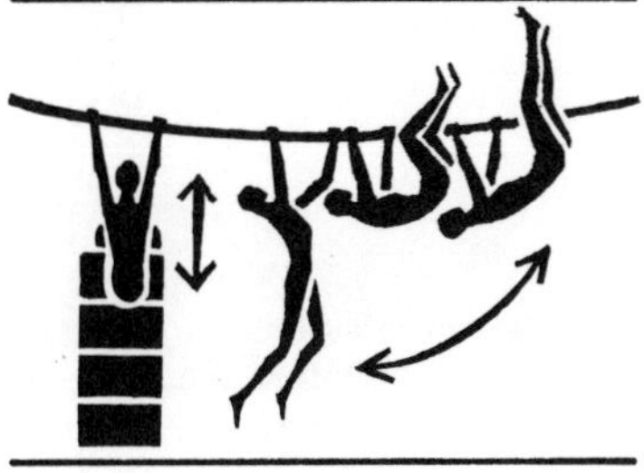

(2) *Klimmziehen*
- im Strecksturzhang (L-Position)
- mit Zwiegriff
- am fixierten Glasfiberstab (waagerecht), Barrenholm
- *ohne*/mit Absetzen der Beine

(3) *Rolle* rückwärts
- durch Handstand
- über Latte

(4) *Stabbiegeübung*
- gegen die Wand
- aus 3 Angehschritten (energisch)

(5) *Bodenkippen*
- auch Nackenkippen
- Kopfstandkippen

(6) *Einrollen-Aufrollen*
● an Sprossenwand, Triangel, Tau
● ohne/mit Zusatzlast

(7) *Wechselsprünge*
● an der Langbank, Kasten
● ohne/mit Zusatzlast

(8) *Umsetzen*
● am fixierten Glasfiberstab
● mit Unterarmstütz li
● angedeutete Stabbiegung
oder
● am Tau ohne/mit Beinstütz auf dem Kasten/Tisch

(9) *Handstandüberschlag*
● seitwärts mit 1/4-Drehung (halber Arabersprung)

(10) *Klettern*
● im Strecksturzhang (I-Position)
● an Kletterstange, Tau

13.1.8. Kugelstoß
Circle-Training
intensiv

(1) *Medizinballstoßen*
- gegen die Wand
- beidhändig
- aus Grätschstellung/**Schrittstellung**

(Beachte! Ellbogen schulterhoch.)

(2) *Hampelmannspringen*
- mit Scheibenhantel

(3) *Aufrichten*
- aus dem tiefen Ausfallschritt
- über die Ferse hochdrücken
- mit Sandsack auf Schultern

(7–15 kg)

(4) *Medizinballstoß*
- aus dem kurzen Angleiten

(Medizinball liegt am Boden, Aufnehmen und Angleiten)
- gegen die Wand

(5) *Rumpfseitbeugen*
- mit Zusatzlast (Sandsack, Scheibenhantel)

(6) *Medizinballstoßen*
- gegen die Wand
- aus der Stoßauslage
- auch widergleich

(Beachte! Streckung in beiden Fußgelenken.)

(7) *Aufrichten des Oberkörpers*
- auf schräggestellter Langbank Rückenlage
- Füße in Schlaufe eingehangen
- mit Zusatzlast (Sandsack)

(8) *Wechselsprünge*
- im Ausfallschritt
- mit Zusatzlast (Sandsack)

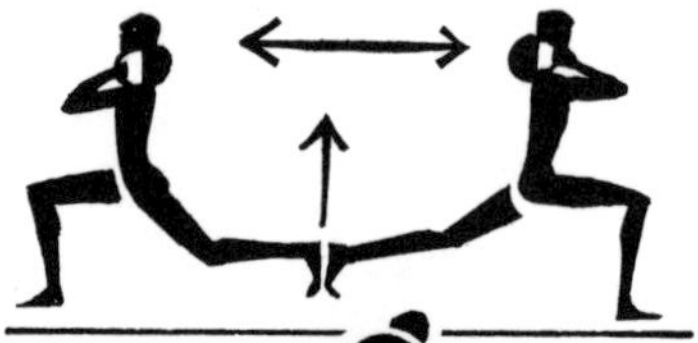

(9) *Stoßen*
der Scheibenhantel von der Brust
- in Rückenlage auf der Bank

oder
- im Schrägsitz auf der Bank

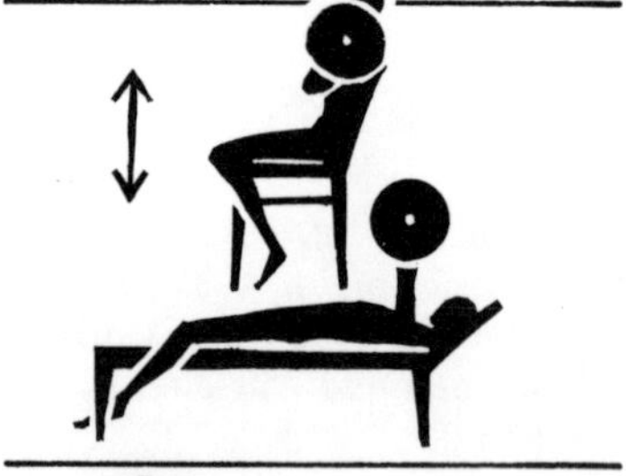

(10) *Beinstreckübungen*
- an der Beindruckbank/am Herkulesgerät

oder
- aus der Rückenlage Beinstrecken an der Hantelschwinge

oder
- aus 1/4-Kniebeugen in geöffneter Grundstellung oder Schrittstellung Streckung bis in die Zehenspitzen, leichtes Verlassen des Bodens

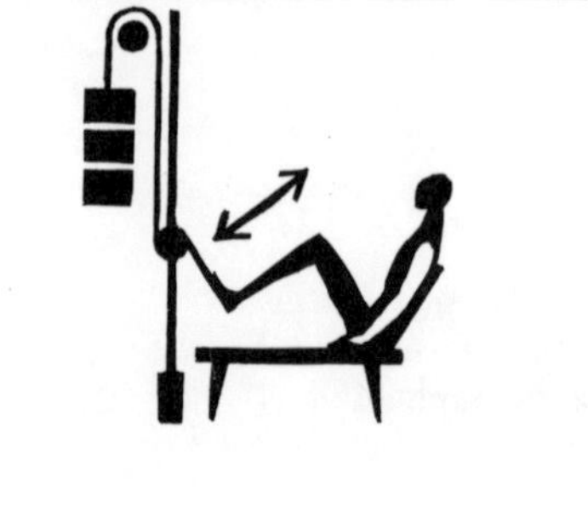

13.1.9. Diskuswurf
Circle-Training
intensiv

(1) *Schockwürfe*
- mit Medizinball
- gegen die Wand
- aus Frontalstellung, 1/4- u. 1/2 Drehung

(2) *Aufrichten mit Drehbeugen* vorwärts
- an Bank/Sprossenwand
- im Grätschsitz
- re Ellbogen zum li Knie und umgekehrt
- ohne/**mit** Zusatzlast

(3) *Sandsackschwingen*
- einarmig
- auch mit Rundgewicht, Kurzhammer

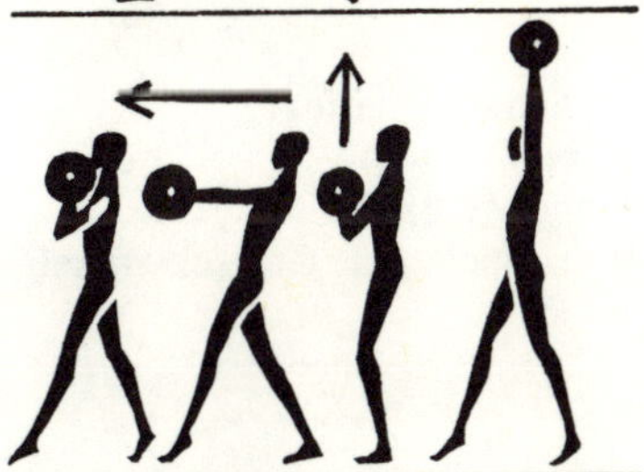

(4) *Dreiklang*
- Stoßen der **leichten** bis mittelschweren Scheibenhantel von der Brust im Wechsel nach oben und nach vorn
- dabei gleichzeitig Schrittwechsel

(5) *Rumpfdrehbeugen*
- im Strecksitz an Kasten/Sprossenwand und seitliches Rücksenken zur Wurfarmseite
- mit Kurzhantel, Hantelscheibe, Schlaufendiskus, Eisenstab

(6) *Stoßen*
der Scheibenhantel
● in der Rückenlage auf der Bank
● mit engem/weitem Griff

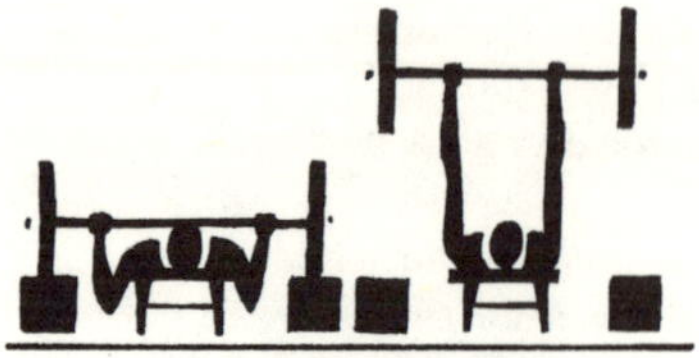

(7) *Vor- und Rückschwingen*
● zweier Hantelscheiben
● mit Heben in den Zehenstand beim Vorschwung

(8) *Aufsprünge*
● auf den Kasten und
● Niedersprung rückwärts
● ohne/mit Zusatzlast

(9) Schwunghaftes *Rumpfkreisen*
● mit Medizinball
● im lockeren Grätschwinkelstand

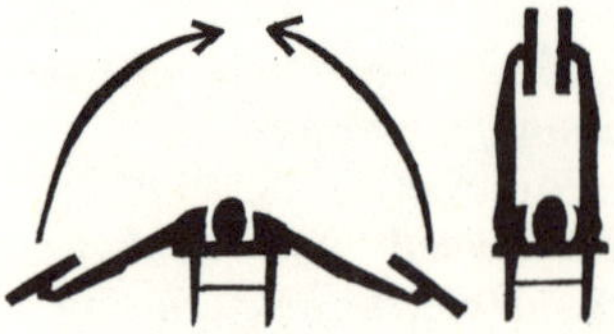

(10) *Heben*
zweier Hantelscheiben
● aus der Seithalte in die Hochhalte
● in Rückenlage auf der Bank

13.1.10. Hammerwurf
Circle-Training
intensiv, extensiv

(1) *Wechselseitiges*
- *Heben* (schwunghaft) der Beine zur Griffstelle der widergleichen Hand
- im Streckhang an der Sprossenwand

(2) *Hüpfen*
vorwärts
- in leichter Kniebeuge

und
- Schwingen einer Hantelscheibe/Medizinball von li nach re im Wechsel bei Vorhalte der Arme (Beachte! Beckenachse bleibt in Frontalstellung.)

(3) *Rumpfdrehbeugen*
- aus der Rückenlage
- Beine fixiert
- beide Hände berühren den Boden neben der Hüfte

(4) *Umsetzen*
der Scheibenhantel
- enger Griff, gerader Rücken
- Streckung der Beine bis zum Zehenstand

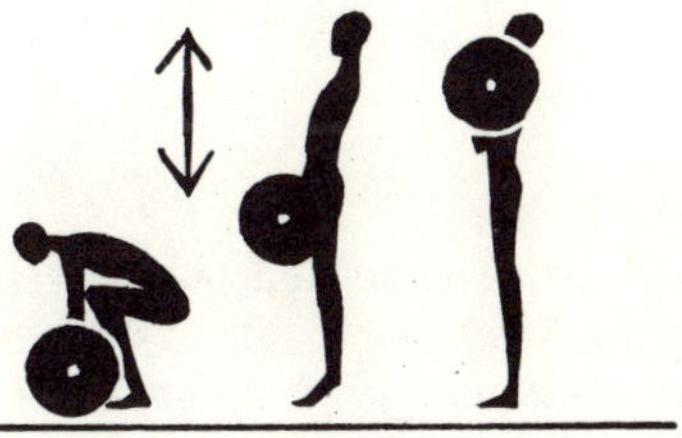

(5) *Armkreisschwünge*
- mit Sandsack
- zwei Hämmern, Triangel
- Rundgewicht

(6) *Stoßen*
- der Scheibenhantel
- von der Brust
- mit Schrittwechsel

(7) Beidhändiger *Schockwurf* des Medizinballes
- gegen die Wand
- Ausgangsstellung = Rücken zur Wand
- Medizinball liegt re seitlich hinter dem re Bein (auch im Wechsel li)

(8) *Aufsprünge*
- auf die Langbank
- aus der Grätschstellung über der Bank
- mit Zusatzlast

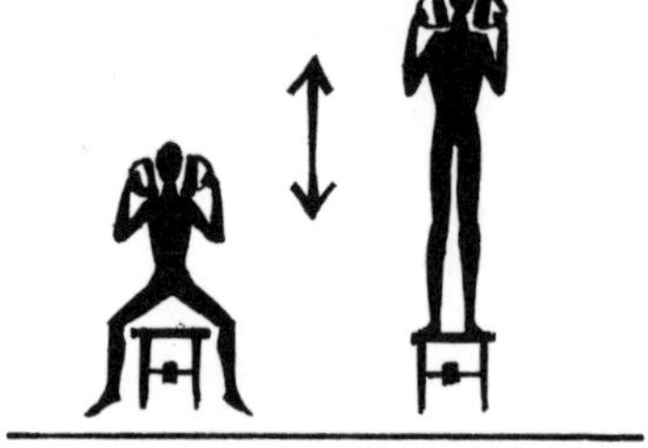

(9) *Heben* der Beine über Medizinball
- im Schwebesitz
- mit Konterschwung der Arme

(10) *Rumpfdrehbeugen*
- mit Scheibenhantel
- im Sitz auf der Bank

13.1.11. Speerwurf
Circle-Training
intensiv, extensiv

(1) *Schlagwurf*
mit Medizinball
● gegen die Wand
● beidhändig aus der Grundstellung in die Schrittstellung li vor re (Rechtswerfer)

(2) *Bogenspannung*
● aus dem Hanghockstand
● an der Sprossenwand
● beide Füße bleiben am Ausgangspunkt
oder
● li Bein wird vorgesetzt

(3) Kombination
Bodenschnelle –
schnelle Drehung
Taschenmesser

(4) *Vor-Rückschwingen*
der Arme
● im weiten Grätschwinkelstand
● mit leichtem Auf- und Abfedern des abgebeugten Oberkörpers

(5) *Medizinballwurf*
● rückwärts
● über den Kopf
● aus weiter Rumpfbeuge vorwärts
● schnelle Drehung – Fangen – usw.

(6) *Wechselspringen*
- im weiten Ausfallschritt
- auch mit Drehung

(Beachte! Spitzer Winkel im vorderen Bein.)

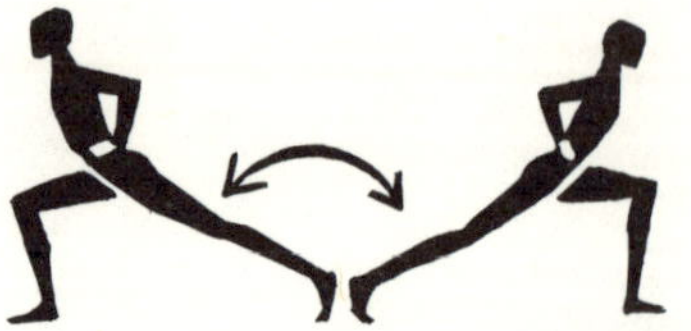

(7) *Schlagwurf*
- mit Vollball
- gegen die Wand
- aus Grundstellung mit Vorsetzen li

oder
- aus der Rückenlage

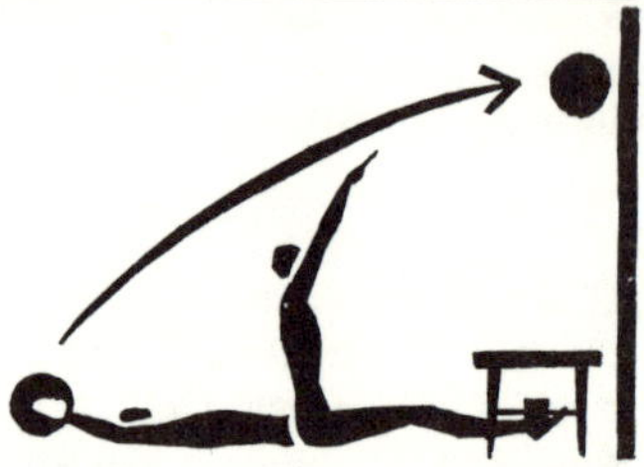

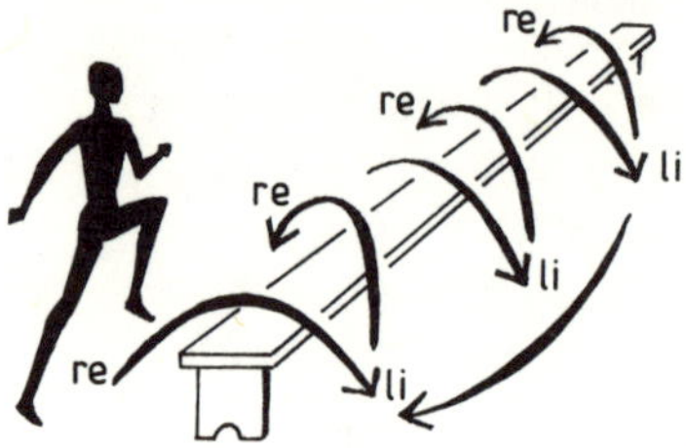

(8) *Überkreuzspringen*
- an der Langbank

(9) *Überzieher*
- mit Scheibenhantel, Rundgewicht, Kugel
- aus der Rückenlage auf der Bank
- enger Griff, Ellbogen parallel nach vorn

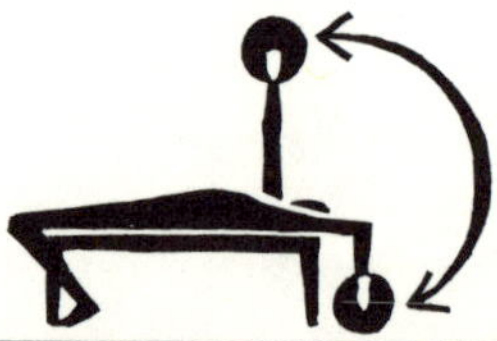

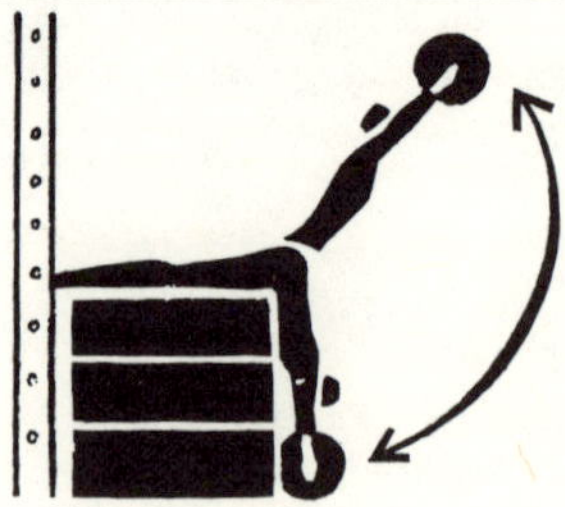

(10) *Adlerschwünge*
- an Kasten-Sprossenwand
- mit Medizinball

13.2. Spiele

13.2.1. Fußball
Circle-Training – DLM, intensiv, extensiv

(1) *Strecksprung*
● mit Kopfstoß zu Höhenorientierer (aufgehängter Fußball)

(2) *Einwerfen*
● mit Medizinball
● gegen die Wand
● aus der Bogenspannung und leichter Grätsch- oder Schrittstellung

(3) *Schuß*
● gegen die Wand
● mit Medizinball
● li/re im Wechsel
(Beachte! Nicht an den Ball schlagen, sondern aushebeln.)

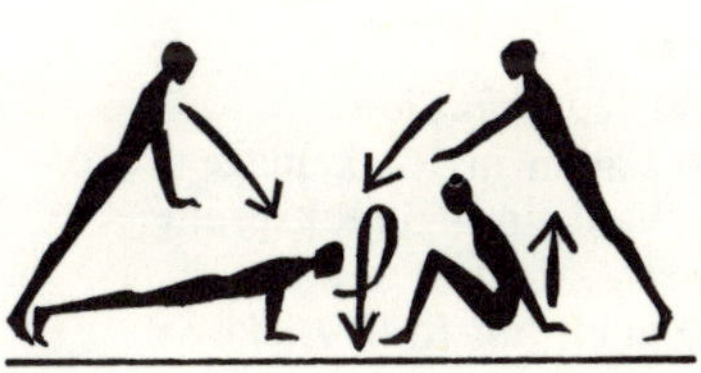

(4) Kombination
Fallen – Strecksprung
● Fallen zum Liegestütz – schnelle Drehung auf den Rücken – Strecksprung – Vorfallen usw.

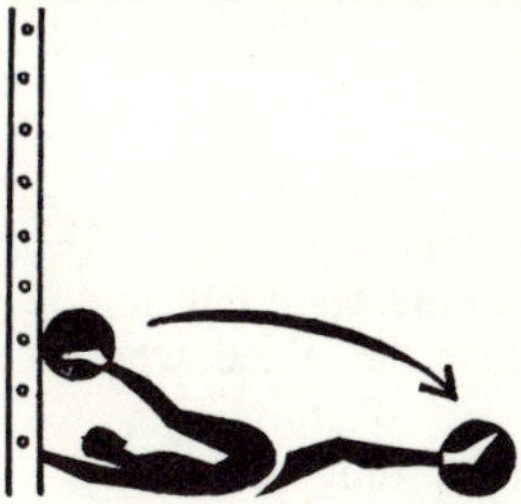

(5) *Einrollen – Aufrollen*
● in der Rückenlage
● Hände fixiert
● **mit**/ohne Medizinball zwischen Beinen

(6) *Wedelsprünge*
- Sprünge von li auf re Bein seitwärts
- über Medizinball am Ort
- über Langbank in Vorwärtsbewegung

(7) *Klimmziehen*
- aus dem Ansprung an das Hochreck
- mit Anhocken der Beine
- Rist- oder Kammgriff

(8) *Sprintantritte*
- mit Richtungswechsel
- im 5 × 5 m Quadrat
- li/re herum
- ohne/mit Sprung über Medizinball (Eckbegrenzung)

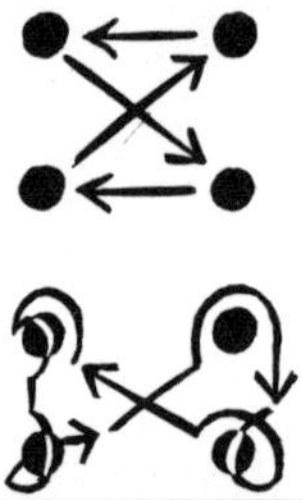

(9) *Kombination*
- Fallen in Rückenlage – Vorschaukeln – Strecksprung usw.
- auch *mit Rolle rückwärts*

(10) *Medizinball*
- aus Klammerhalte mit den Füßen gegen die Wand schießen
- Fußspitzen unter dem Ball

13.2.2. Handball
Circle-Training – DLM, extensiv, intensiv

(1) *Schlagwurf*
- gegen die Wand/ins Netz, ins Tor
- mit Vollball, leichtem Medizinball, Hohlball

(2) *Slalomlauf*
- ohne/mit Ballführen
- ohne/mit Finte (Seitstepp)

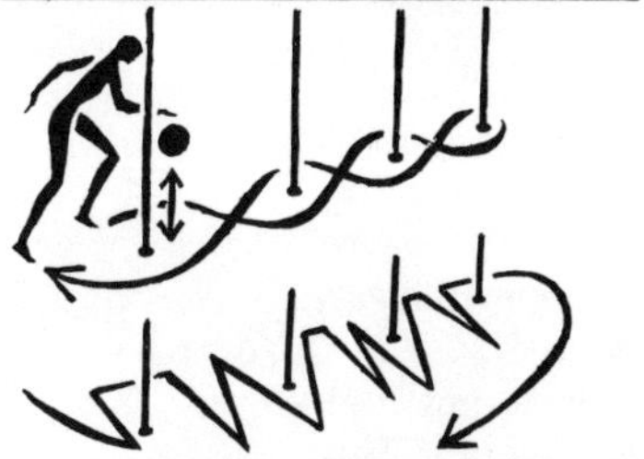

(3) Kombination
Fallen zum Liegestütz – schnelle Drehung – *Strecksprung* usw.

(4) *Medizinballwurf*
- gegen die Wand
- aus der Rückenlage, Beine fixiert

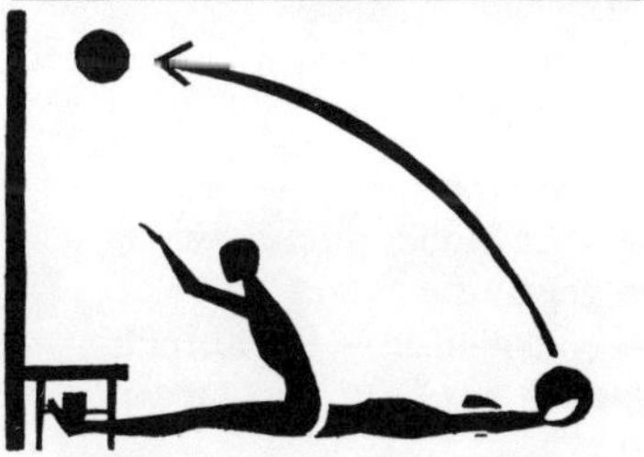

(5) *Wedelsprünge*
- über Langbank
- *ohne*/mit Ballführen

(6) *Adlerschwünge*
● *mit*/ohne Rumpfdrehen

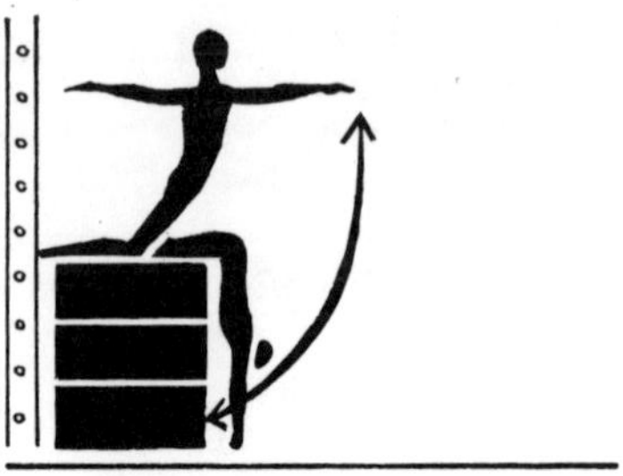

(7) *Sprintantritte*
● im 5 × 5 m Quadrat
● ohne/mit Ballführen
● ohne/mit Finte

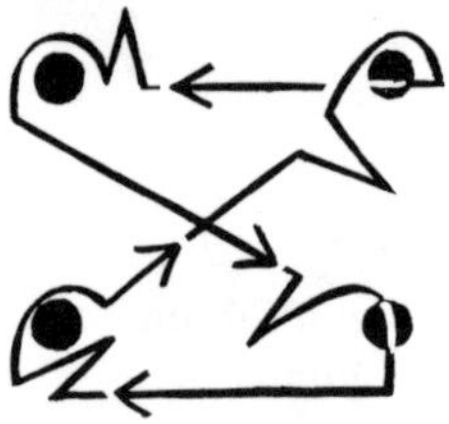

(8) *Liegestützwechselhüpfen*
● mit Strecksprung

(9) *Sprungwurf*
● über Höhenorientierer
● gegen die Wand
● Nachlaufen – Ballaufnehmen – Lauf zur Ausgangsposition

(10) *Medizinballachterkreisen*
● durch die gegrätschten Beine

13.2.3. Basketball Circle-Training – DLM, extensiv, intensiv

(1) *Sprintantritt*
- 5–6 m vorwärts zwischen zwei Markierern
- *Stoppen – Nachstellschritte* rückwärts
- ohne/*mit* Ball

(2) *Medizinballwurf*
- gegen die Wand
- aus der Rückenlage, Beine fixiert

(3) *Anschlagsprünge*
- an Basketballbrett/-korb
- aus schnellem Anlauf von 5–8 m entferntem Mal
- auch mit Ball und Korbwurf

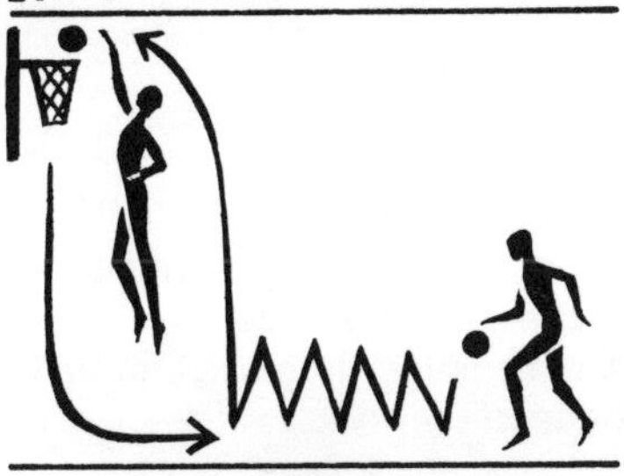

(4) *Medizinball Achterkreisen*
- durch die gegrätschten Beine

(5) *Sprünge*
- über Langbank
- Einbeinsprünge li/re
- von li auf re usw.
- Überkreuzsprünge
- Seitwärtssprünge beidbeinig ohne/mit Zwischenhupf
- ohne/mit Balldribbling

(6) von der Freiwurflinie
- Wurf des Basketballes an das Brett (li/re) neben den Korb
- *Nachsetzen* – Korbwurf usw.

(7) *Druckwurf*
- mit Medizinball
- gegen die Wand

(8) *Hocksprünge*
- über 5 Hürden (Kastenteile)
- ohne/mit Basketball
- ohne/mit Zwischenschritt und Ballprellen

(9) *Bodenschnelle*
- mit schneller Drehung von der Bauchlage in die Bauchlage
- li und re herum im Wechsel

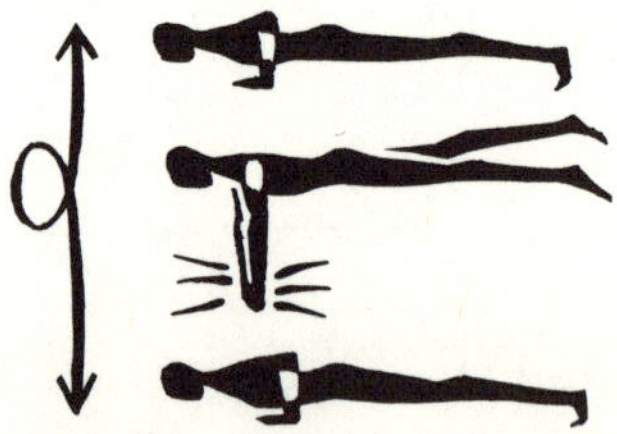

(10) *Strecksprünge*
- mit Anschlag an Basketballbrett/-korb
- mit einer Hand
- *ohne*/mit Zwischenhupf

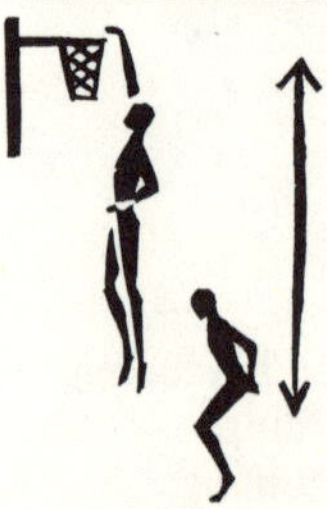

**13.2.4. Volleyball
Circle-Training – DLM,
extensiv, intensiv**

(1) *Japantest*
● mit Berührung des Seitenmarkierers
(Medizinball)
● durch Auftippen der Hände oder
flüchtigen Sitz und Baggerhaltung

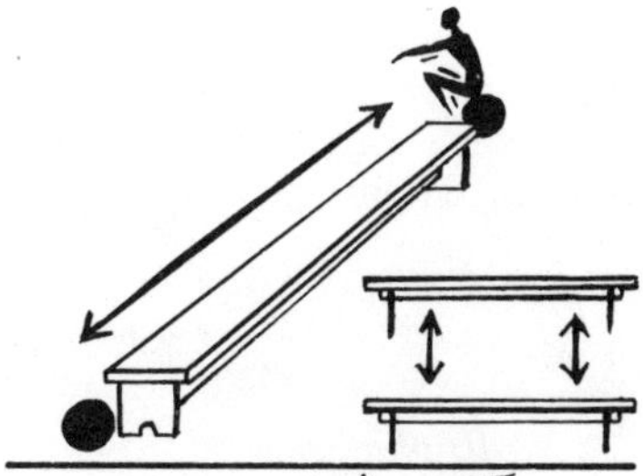

(2) *Strecksprünge*
● am Netz zum Blocken
(auch am Basketballbrett)
● *ohne*/mit Auftaktschritt
(Beachte! Beidbeinigen Absprung.)

(3) *Medizinball
Druckwurf*
● gegen die Wand nach *Höhenorientierer*
● aus geduckter Körperhaltung

(4) *Hocksprünge*
● über 5 Hürden/Kastenteile
● *ohne*/mit Zwischenhupf

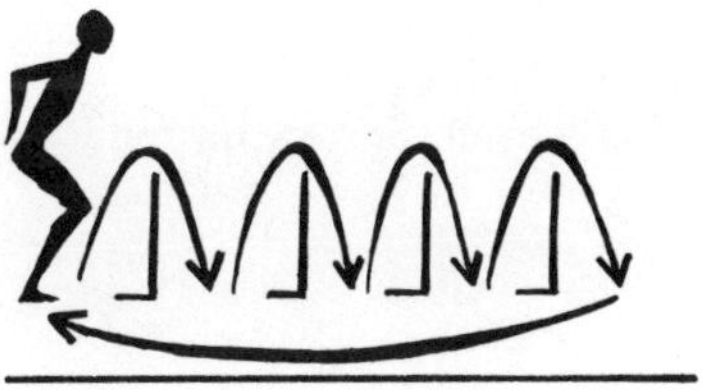

(5) Aus Baggerstellung
● *Sprung* in den halben Handstand
● weiches Abrollen über die Brust zur Baggerstellung usw.

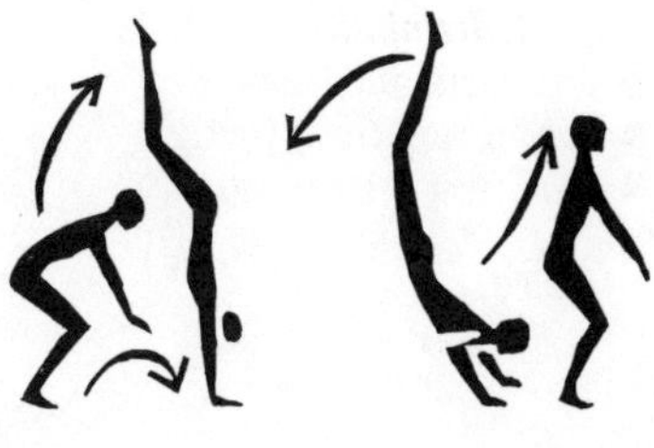

(6) *9-3-6-3-9 m-Sprintantritte*
- vorwärts-rückwärts
- im Spielfeld

(7) *Medizinballwurf*
- gegen die Wand
- beidhändig
- aus der Bogenspannung
- auch Schlagwurf **nach** Strecksprung

(8) Weite Ausfallschritte seitwärts zur *Baggerstellung*
- mit Nachstellschritten zwischen zwei Markierungslinien
- mit Nachstellschritten unter das Netz durch

(9) *Adlerschwünge* mit Rumpfdrehen
- an Kasten-Sprossenwand

(10) *Medizinballwurf*
- vorwärts-aufwärts
- aus tiefer Rumpfbeuge
- ohne/mit Absprung

13.3.1. Eisschnellauf Circle-Training – DLM, extensiv, intensiv

(1) *Wedelsprünge*
- über Medizinball am Ort
- über Langbank mit Vorwärtsbewegung
- mit *normaler*/abgebeugter Körperhaltung

auch
- Seitwärtssprünge beidbeinig

(2) *Adlerschwünge*
- an Kasten/Sprossenwand
- ohne/mit Zusatzlast

(3) *Hockstrecksprünge*
- auf Weite
- aus leichter Kniebeuge
- mit abgebeugtem Oberkörper und Armen auf dem Rücken

(4) *Klimmziehen*
- im Schrägliegehang

oder
- mit Ansprung an Hochreck und Anhocken der Beine

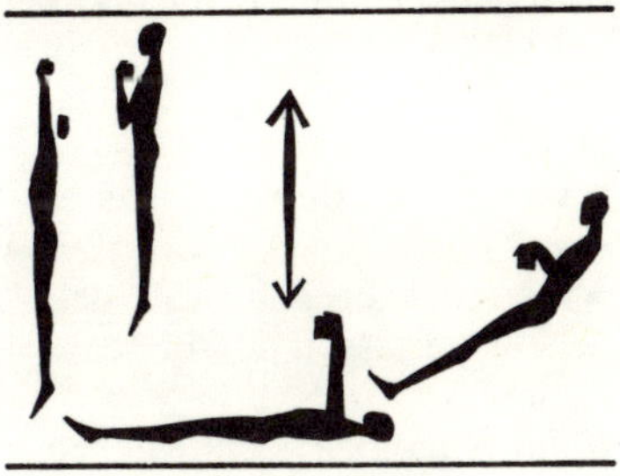

(5) *Schrittwechselsprünge*
- aus höchstens halber Kniebeuge
- *ohne*/mit Zusatzlast

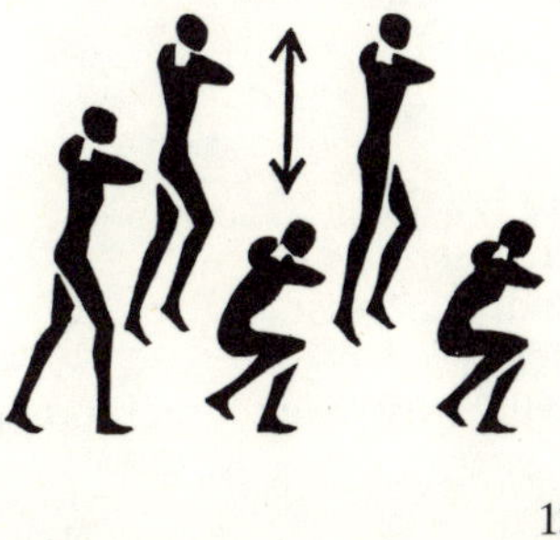

(6) Kombination
Taschenmesser-
Bodenschnelle

(7) Sprunghafte
Kniebeugen
● auf einem Bein (freies Bein in Vorhalte)
● ohne/**mit** Festhalten an Sprossenwand o. ä.
auch
● *Kosakentanz* vorwärts/seitwärts

(8) *Hampelmann*
● *ohne*/mit Zusatzlast
oder
● Bankdrücken (Ausstemmen der Turnbank)

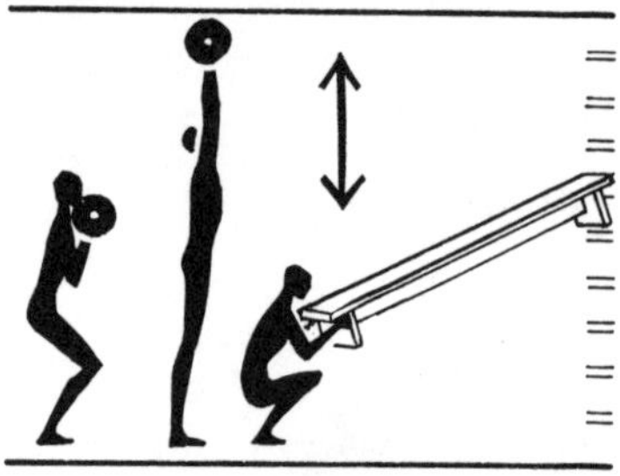

(9) *Sprünge*
● von einem Bein auf das andere
● im Hockliegestütz mit deutlichem Verlassen des Bodens
auch
● mit Armen auf dem Rücken

(10) Leichte
Strecksprünge
● mit Hüfttwist
oder
● Hüfttwist *ohne* Strecksprung

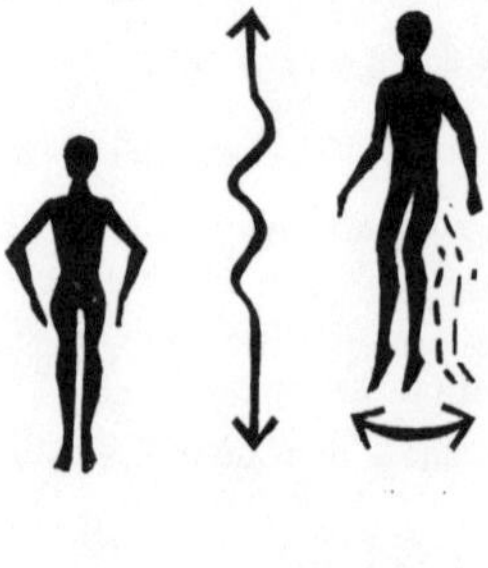

13.3.2. Skilanglauf
Circle-Training – DLM, extensiv, intensiv

(1) *Zugübung*
● li/re im Wechsel
● mit Gummiseil/Expanderfedern an Sprossenwand
● Rolle

(2) *Steigeübung*
● am Kasten, Langbank
● ohne/*mit* Zusatzlast

(3) *Medizinballwurf*
● gegen die Wand
● durch die gegrätschten Beine – schnelle Drehung – Fangen – in die Ausgangsposition – Aufrichten bis in den Zehenstand zum weiten Schwungholen

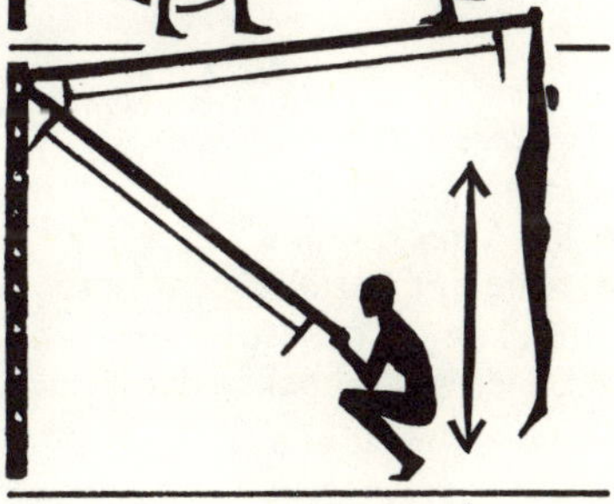

(4) *Bankdrücken*
● aus dem Hockstand
● Streckung bis in den Zehenstand und leichtes Verlassen des Bodens

(5) *Taschenmesser*
● Drehung um die Körperlängsachse (li/re) Taschenmesser Drehung usw.

(6) *Wedelsprünge*
- Sprünge seitwärts von li auf re usw.
- über Langbank
- am Ort, in *Vorwärtsbewegung*

(7) *Adlerschwünge*
- an Kasten – Sprossenwand
- ohne/mit Rumpfdrehen
- ohne/mit Zusatzlast

(8) *Zugübung*
- beide Arme gleichzeitig (Doppelstockarbeit)

(9) *Liegestütz-wechselhüpfen*
- mit Strecksprung
- ohne/mit Armbeugen und -strecken
- ohne/mit Anhocken der Beine beim Strecksprung

(10) *Liegestütz*
- rücklings
- Vorhochschleudern des li/re Beines im Wechsel

13.3.3. Alpiner Skilauf Circle-Training – DLM, extensiv, intensiv

(1) *Wedelsprünge*
- über Medizinball am Ort
- über Langbank in Vorwärtsbewegung
- am Hometrainer

(2) *Bauchkreisen*
- an den Schaukelringen

(3) *Sprünge*
- in der Abfahrtshaltung
- am Ort, in Vorwärtsbewegung
- ohne/**mit** Anhocken der Beine
- ohne/mit Zusatzlast

(4) *Slalomlauf*
- nur als Sprint
- Hüftknick, Konterhaltung
- mit Sprung auf bogenäußeres Bein

(5) *Bodenschnelle*
- aus Hockliegestütz li/re in den Hockliegestütz re/li
- Beinwechsel in der Luft

(6) *Anristen*
- wechselseitig li/re
- aus dem Streckhang an der Sprossenwand

oder
- in der Rückenlage mit fixierten Händen
- li Bein zur re Hand usw.

(7) *Kosakentanz*
- seitwärts am Ort
- auch im Entengang
- mit Körpervorlage

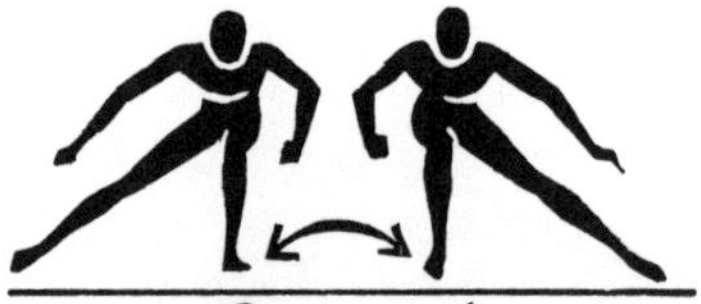

(8) Kombination
- *Taschenmesser*
- schnelles Drehen nach li u. re
- *Bodenschnelle* usw.

(9) *Affensprünge*
- an der Sprossenwand

(10) *Sandsackschwingen*
- *li und* re herum

13.3.4. Skispringen Circle-Training – DLM, extensiv, intensiv

(1) *Wechselsprünge*
- im Ausfallschritt
- ohne/mit Zusatzlast
- Arme lockere Seithalte

(2) *Adlerschwünge*
- Kasten – Sprossenwand
- ohne/mit Zusatzlast

(3) *Liegestütz-wechselsprünge*
- mit Strecksprung
- und Armschwung nach hinten oben

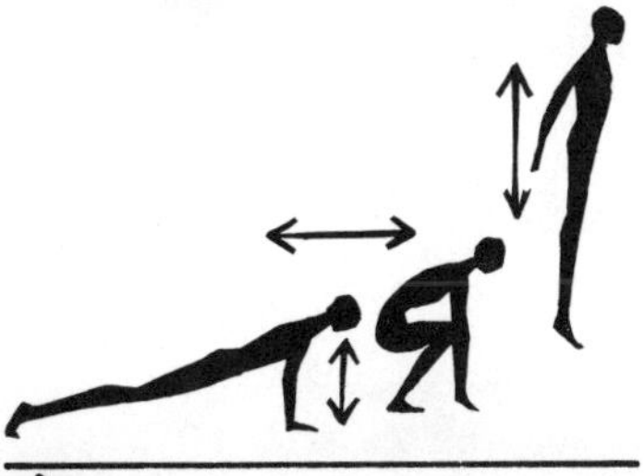

(4) *Anristen*
- aus dem Streckhang
- ohne/mit Zusatzlast

(5) *Tiefsprung*
- vom Kasten (50–100 cm)
- aus der Anfahrtshaltung in Telemarkausfallschritt
- nach schnellem Nachstellschritt Sprung auf den Kasten – Drehung usw.

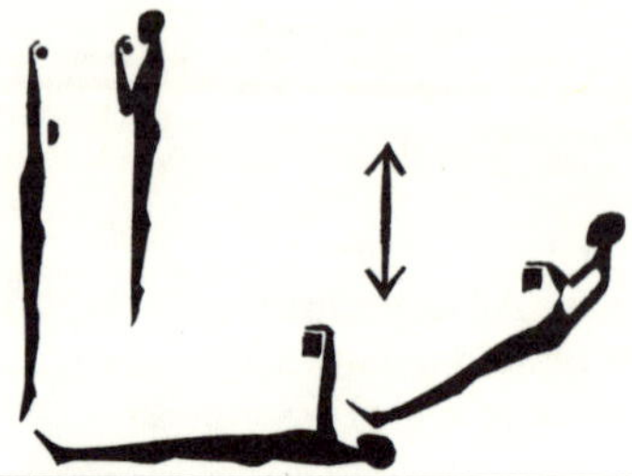

(6) *Klimmziehen*
● im Liegehang/Streckhang

(7) Kombination
● *Fallen*
zum Liegestütz – schnelle Drehung in Rückenlage –
● Anhocken und
Strecksprung
usw.

(8) *Kniebeugen*
● ohne/*mit* Zusatzlast

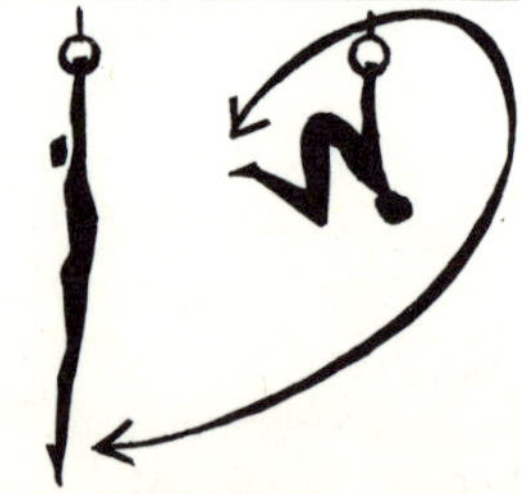

(9) Schwunghaftes
● *Einrollen/*
● *Rückrollen*
● aus dem Streckhang an den Schaukelringen/Reck/Barren

(10) *Sandsack-schwingen*
● nach li *und* re

13.4. Schwimmen

Circle-Training – DLM, extensiv, intensiv

(1) *Zugübung*
- wechselseitig li/re
- mit Gummiseilen, Expanderfedern, Seilrolle

(2) *Adlerschwünge*
- an Langbank – Sprossenwand/Kasten – Sprossenwand
- ohne/**mit Zusatzlast**

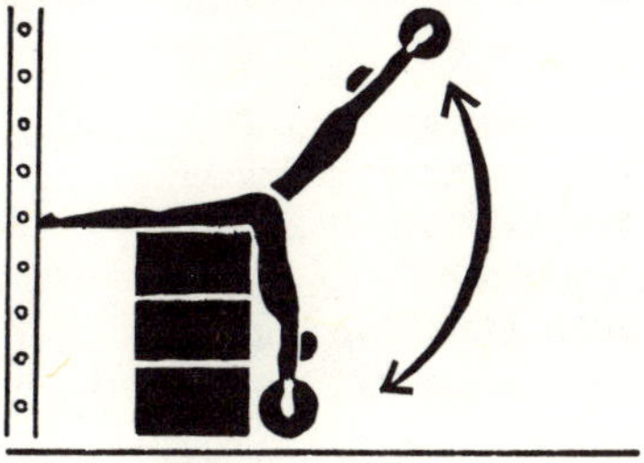

(3) *Anbeugen*
- der Arme in Bauchlage auf der Bank
- mit Scheibenhantel/Reckstange

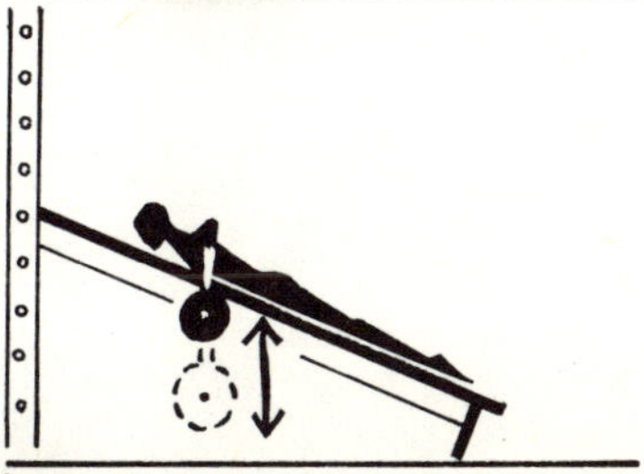

(4) Schwunghaftes *Anristen*
- der Beine aus dem Streckhang an der Sprossenwand/Reck
- auch nur Anheben bis zum waagerechten Schwebehang

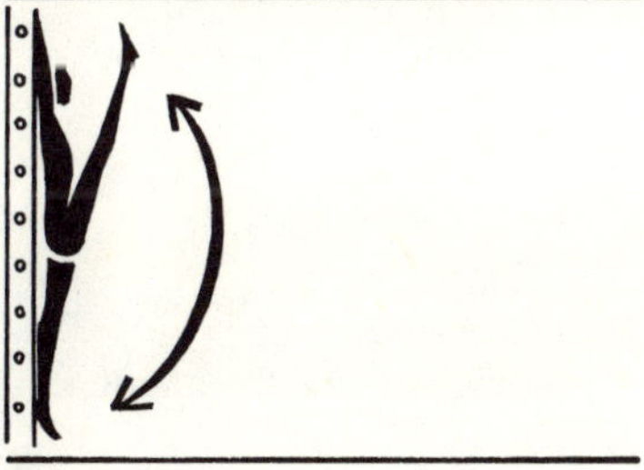

(5) *Zugübung*
- gleichzeitig mit beiden Armen
- im Stand/Liegen

(6) Schwunghaftes *Ein-* und *Aufrollen*
● vom Streckhang zum Sturzhang
● an Schaukelringen, Barren/Reck

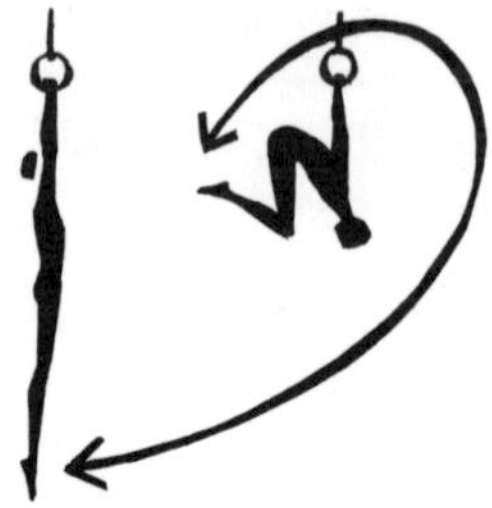

(7) *Zugübung*
● beide Arme gleichzeitig
● aus der Hochhalte zur Seithalte
● im Stand (vorlings/rücklings) im Liegen (bäuchlings, rücklings)

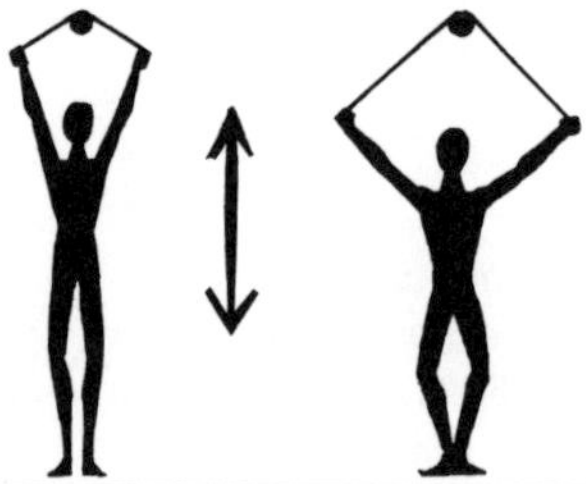

(8) *Heben*
der Beine ins Hohlkreuz
● gleichzeitig/wechselseitig
● aus der Bauchlage am Kasten/Sprossenwand
● ohne/mit Zusatzlast

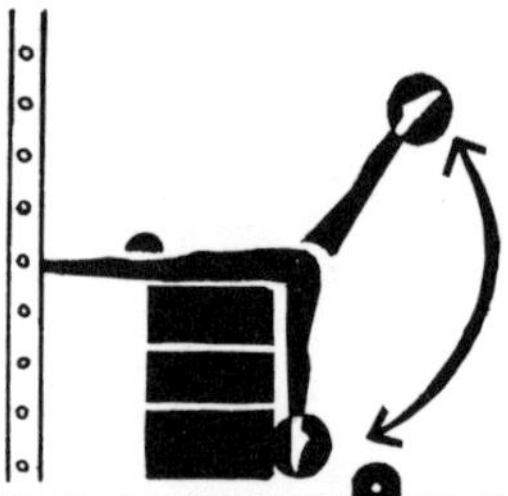

(9) *Hantelschwingen*
● in Grundstellung
● mit leichter Scheibenhantel/Reckstange

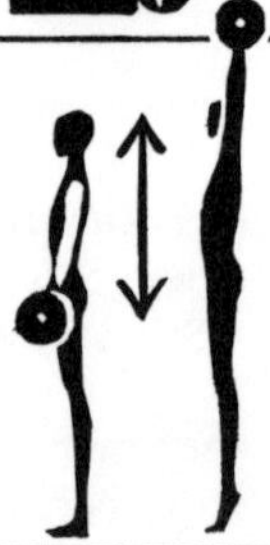

(10) *Liegestütz-wechselhüpfen*
● mit Strecksprung
● ohne/*mit* Armbeugen und -strecken
● ohne/*mit* Anhocken der Beine

13.5. Rudern

Circle-Training – DLM, extensiv, intensiv

(1) *Trockenrudern*
- am Hometrainer/Ruderbank

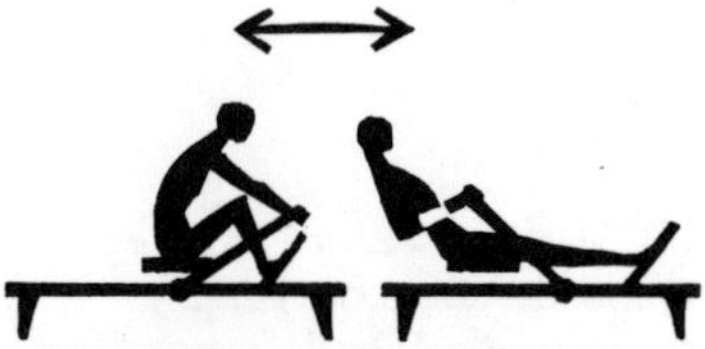

(2) *Medizinballwurf*
- rückwärts über den Kopf
- gegen die Wand
- schnelle Drehung – Fangen usw.

(3) *Stoßen*
- der Scheibenhantel
- von der Brust
- aus leichter Kniebeuge

(4) *Ein- und Aufrollen*
- aus der Rückenlage,
- Hände fixiert
- ohne/mit Medizinball zwischen den Füßen

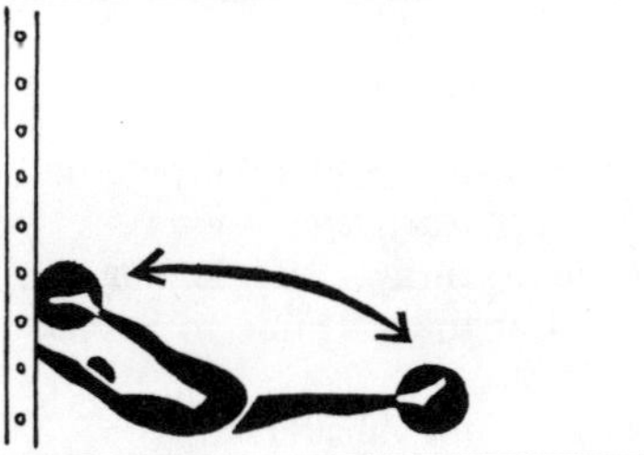

(5) *Umsetzen*
der Scheibenhantel
und
Absetzen
(Beachte! Rücken gerade.)

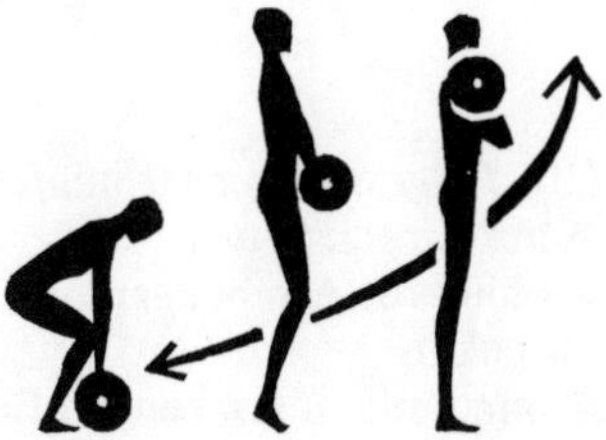

(6) *Medizinballwurf*
- aus der Bogenspannung
- gegen die Wand

(7) *Kniebeugen*
- mit Sandsack
- ohne/*mit* Strecksprung

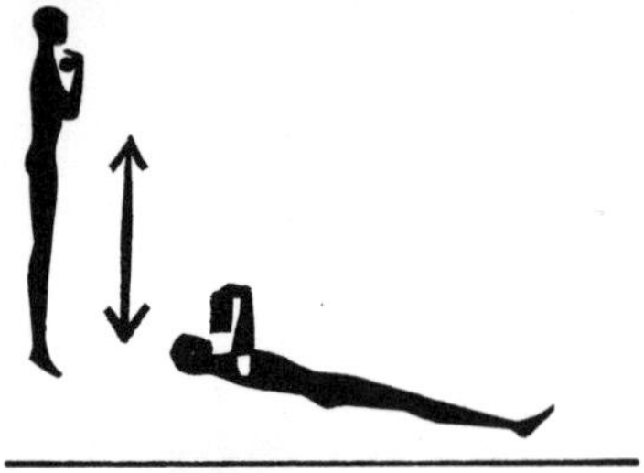

(8) *Klimmziehen*
- im Schrägliegehang/ *Streckhang*
- *ohne*/mit Ansprung
- ohne/mit Zusatzlast

(9) *Heben* des Oberkörpers und *Rumpfvorbeugen*
- aus (schräger) Rückenlage an der Langbank (Füße in Schlaufen)
- ohne/mit Zusatzlast

(10) *Liegestützwechselhüpfen*
- mit Strecksprung
- ohne/mit Armbeugen und -strecken
- ohne/mit Anhocken der Beine

13.6. Radsport

Circle-Training – DLM, extensiv, intensiv

(1) *Spurten*
- am Hometrainer
- höchste Frequenz

(2) *Liegestützwechselhüpfen*
- mit Strecksprung
- ohne/mit Armbeugen und -strecken

(3) *Kniebeugen*
mit leichtem Absprung
- aus halber Kniebeuge
- mit Sandsack

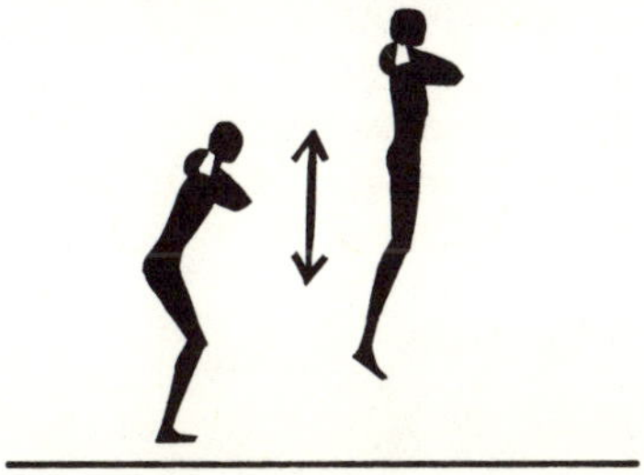

(4) *Taschenmesser*

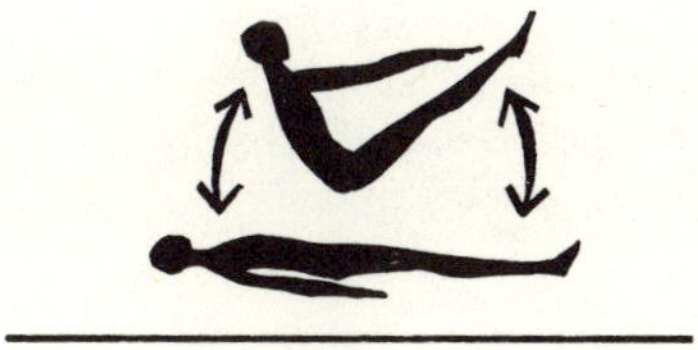

(5) *Steigeübung*
- an Langbank/Kasten
- ohne/**mit** Zusatzlast
(Sandsack 7,5–15 kg)

(6) *Liegestütze*
- Armbeugen und -strecken
- normal/auf Fingerspitzen/Fingerspitzen/mit Handklatsch
- ohne/mit Zusatzlast

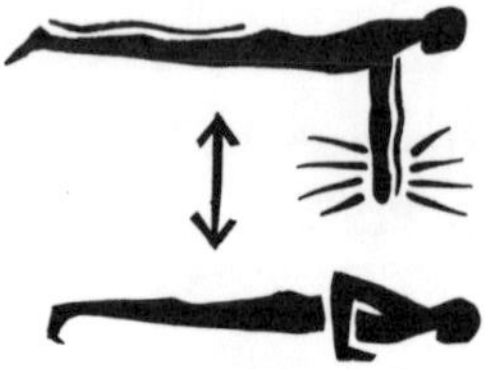

(7) *Adlerschwünge*
- an Kasten/Sprossenwand
- ohne/mit Zusatzlast
- ohne/mit Rumpfdrehen

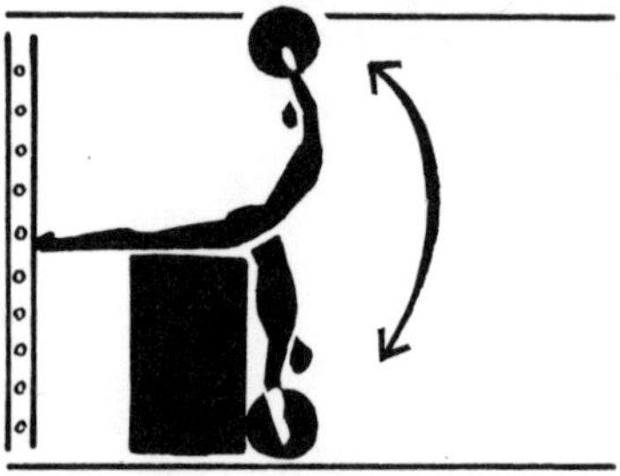

(8) *Kniebeugen*
- auf einem Bein
- mit/ohne Handstütz
- mit flüchtigem Aufsitzen auf den Medizinball

oder
- Kosakentanz

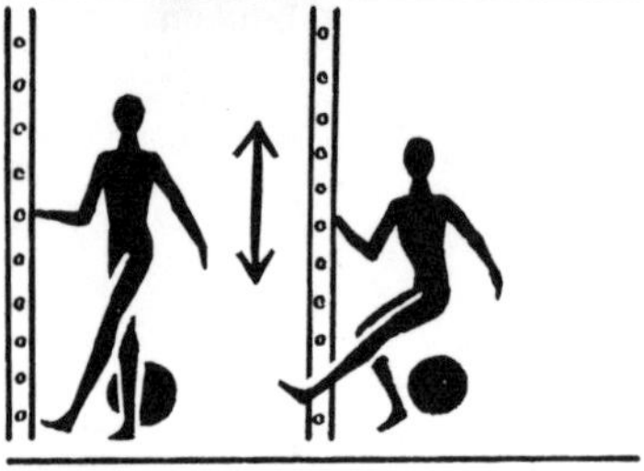

(9) *Anhocken*
- der Beine aus dem Streckhang
- an der Sprossenwand
- ohne/mit Zusatzlast
- beide Beine gleichzeitig/wechselseitig

(10) *Entengang*
- nach Metern
- ohne/mit Zusatzlast

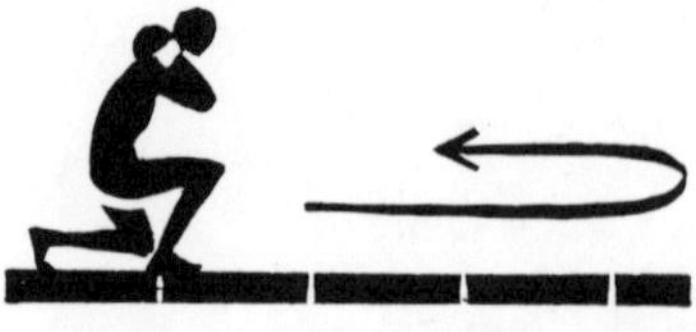

13.7. Zweikampf-sportarten

13.7.1. Boxen Circle-Training – DLM, extensiv, intensiv

(1) *Medizinballstoßen*
- gegen die Wand
- aus Boxstellung
- li/re im Wechsel
- nur li/re
- höchste Frequenz

(2) *Ausstoßen*
- der Handhantel
- mit Beinwechsel

(3) *Seilspringen*
- *ohne*/mit Anhocken der Beine

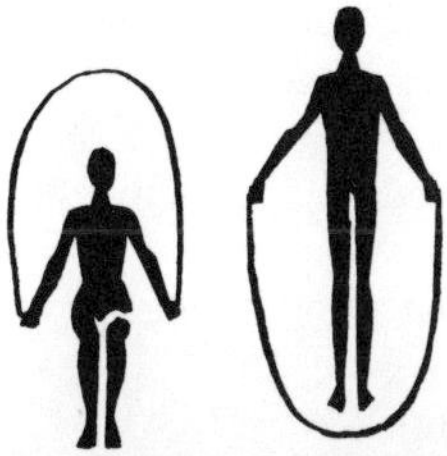

(4) *Schnelles Rumpfdrehbeugen*
- im Grätschsitz mit Aufschlagen beider Hände auf den Boden
- Beine fixiert

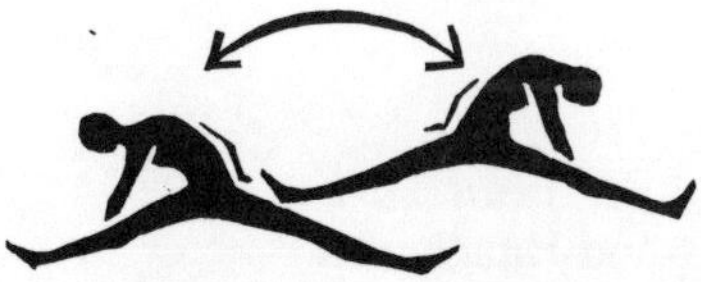

(5) *Schläge*
- Gerade/Haken aufwärts, seitwärts
- am (Sandsack oder Wandpolster)Boxgerät

(6) *Auf- und Abspringen*
- an der Turnbank
- *ohne*/mit Zusatzlast
- aus der Grätschstellung

(7) Kombination
Liegestütz
- mit Handklatsch
(Bodenschnelle) –
- Drehung in die Rückenlage –
- *Taschenmesser*

(8) *Schockwürfe*
- mit Medizinball
- gegen die Wand
- aus leichter Grätschstellung
frontal
- aus Rückenstellung
- li/re
- li/re im Wechsel

(9) *Aufwärtshaken*
- mit Handhantel
- li/re im Wechsel
- in Boxstellung

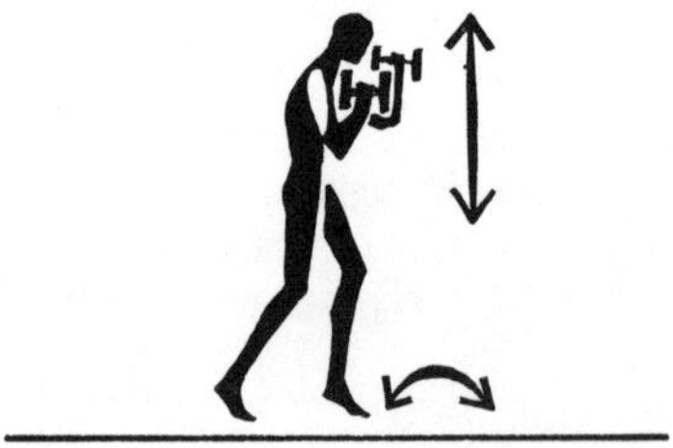

(10) *Boxstöße*
- bei aufgerichtetem Ober-
körper
- in Bauchlage
- Beine fixiert

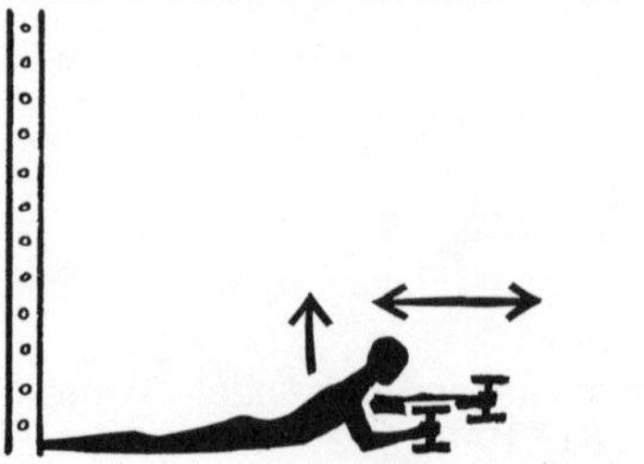

13.7.2. Ringen
Circle-Training – DLM, extensiv, intensiv

(1) *Hockwenden*
- über Langbank
- am Ort/in Vorwärtsbewegung

(2) *Taschenmesser*
- möglichst mit Medizinball

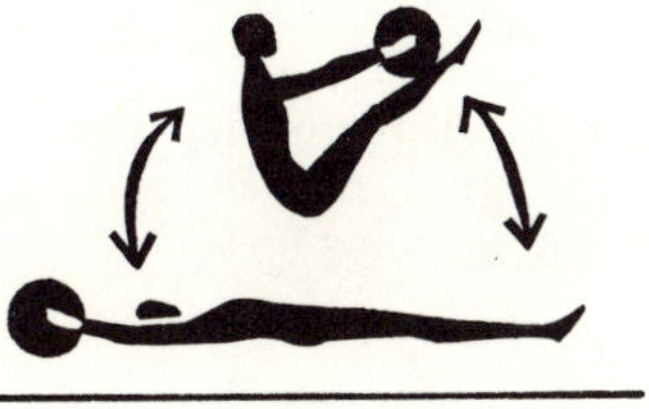

(3) *Beinspreizen*
- seitwärts (Unterspreizen)
- im Liegestütz
- wechselseitig li/re

(4) *Hockstrecksprünge*
ohne/**mit** Ausstoßen eines Medizinballes senkrecht nach oben (Höhenorientierer)
- aus und in die Tiefkniebeuge

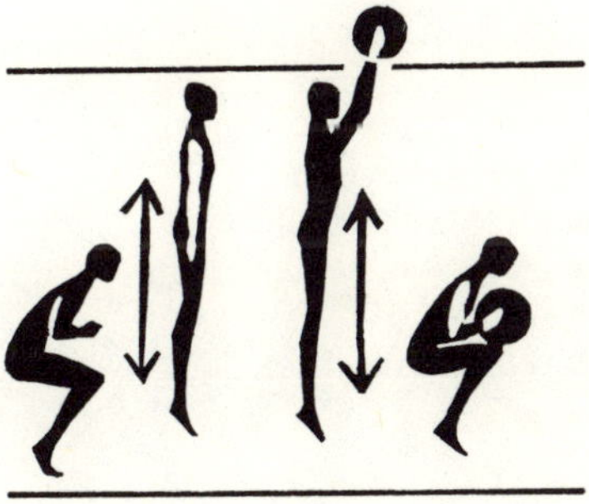

(5) *Brückenkreisen*
- re/li herum
- re/li im Wechsel

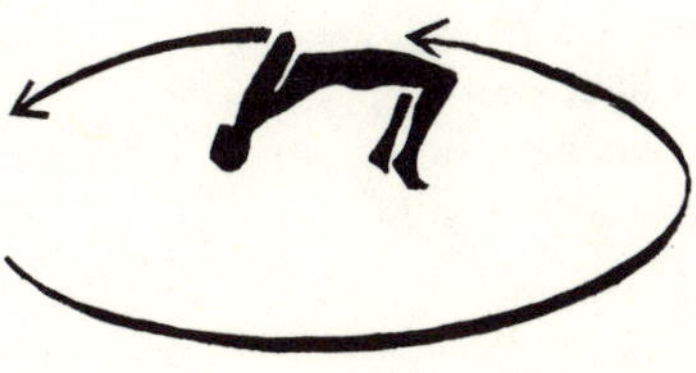

(6) *Liegestützwechselhüpfen*
- ohne Strecksprung
- ohne Armbeugen und -strecken

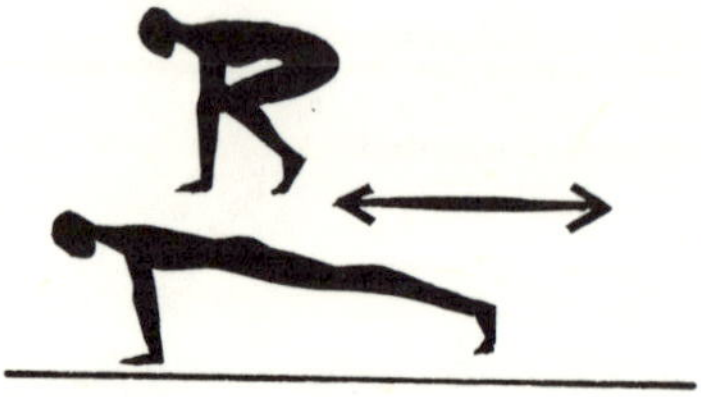

(7) Aus dem Stand
- in die Turnerbrücke und schnelles Ausdrehen
- wechselseitig li/re

(8) *Brückenrolle*
- vorwärts
- aus dem Kniestand in den Kniestand

(9) *Rumpfkreisen*
- mit Medizinball
- im Grätschwinkelstand
- re/li
- re/li im Wechsel

(10) *Brückenüberschläge*
- vorwärts-rückwärts
- über den Kopfstand

(Beachte! Beide Beine schwingen gleichzeitig.)

13.7.3. Judo
Circle-Training – DLM,
extensiv, intensiv

(1) *Kniebeuge*
- mit Partner
- in Kata-Guruma-Haltung

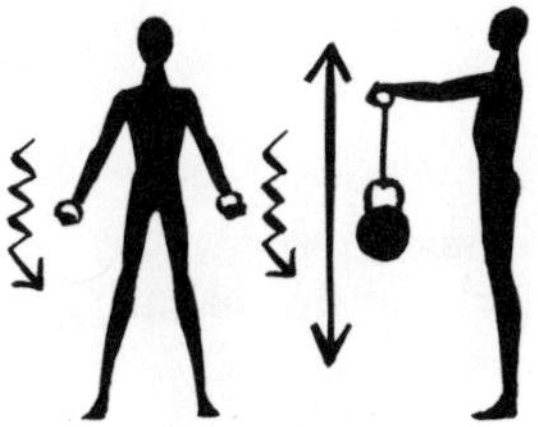

(2) *Griffübung*
- ohne/*mit* Tennisbällen/Griffringen
(auch als Wickelübung)

(3) *Ausheben*
- des Kesa-Gatame haltenden Partners
- über die Brücke

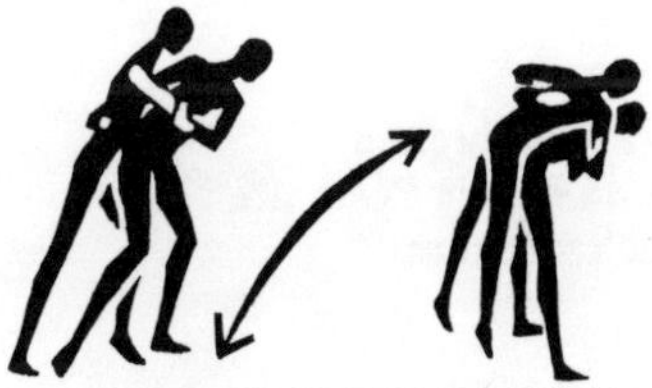

(4) *Partner* ausheben und absetzen
- Uchi-Komi-Geiko
- mit Uki-Goshi
- ohne/mit Niederwurf

(5) *Beinspreizen*
- im Liegestütz
li/re im Wechsel (Unterspreizen)
- schnell und schwunghaft

(6) *Klimmziehen*
● aus Rückenlage/Liegehang
● am Partner (Fassen des Jackenrevers)
● Partner im Grätschwinkelstand – Handstütz auf den Knien

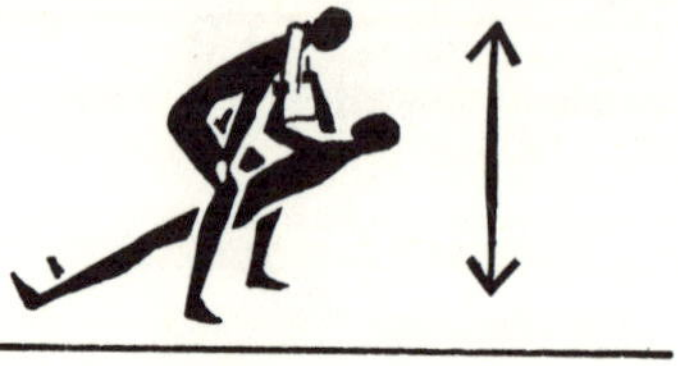

(7) *Taschenmesser*
● mit lockerer Beinhaltung

(8) *Bodenschnelle*
● Liegestütze mit Handklatsch und Zusammenschlagen der Füße
● über rollenden Partner – im Wechsel

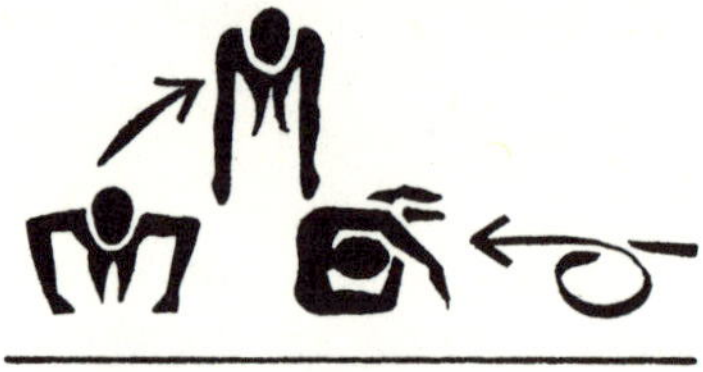

(9) *Bauchreiten*
● *ohne*/mit Festhalte am Jackenrevers

(10) *Zugübung*
● mit 2 Gummiseilen/Expanderfedern
● Anriß aus der frontalen Kampfstellung und schnelle Drehung nach li/re

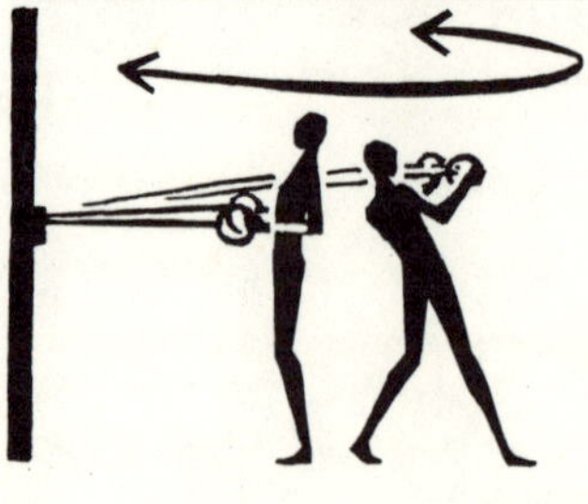

13.8. Gerätturnen

Circle-Training intensiv, extensiv

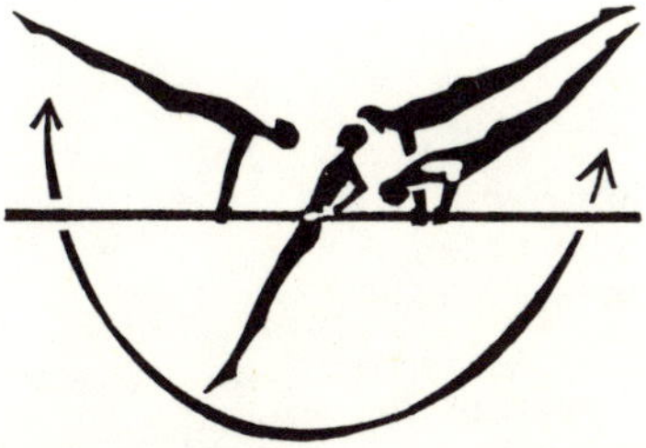

(1) *Beugestützschwingen*
- am Barren
- bei Vorschwung/Rückschwung
- bei Vor- und Rückschwung
- mit maximalen Schwingungsweiten

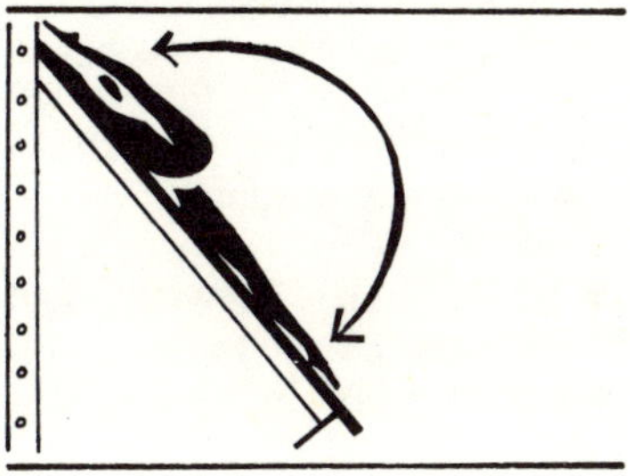

(2) Schnelles *Heben* der *Beine*
- in den Kipphang
- an Schrägbank – Sprossenwand (auch als peitschenartiger Beineinsatz mit nachfolgendem Öffnen des Bein- und Armrumpfwinkels)

(3) *Vor- und Rückbücken*
- am Kasten – Reck; Kasten – Handbarren

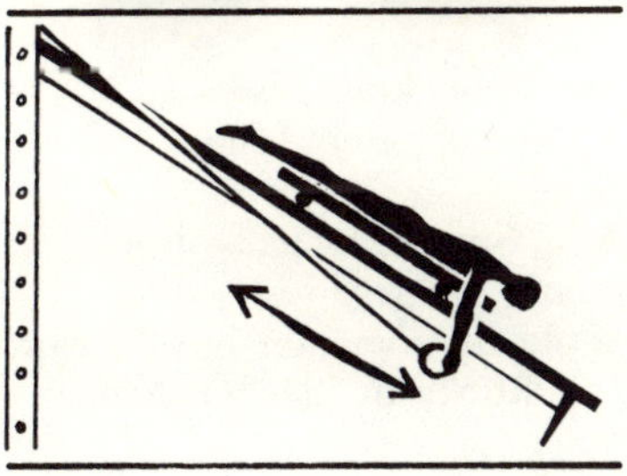

(4) Schnellkräftiges *Öffnen* des Arm-Rumpf-Winkels
- am Rollbrett – Sprossenwand mit Ringeseilen
- in Bauchlage – Kopf abwärts

(5) Kombination *Strecksprünge*
- über liegende Kastenteile (3–5)
- und Sprungrolle (auch gehechtet)

(6) *Heben* in den *Handstand*
- aus Winkelstütz/ Grätschwinkelstütz/ Spitzwinkelstütz
- am Boden

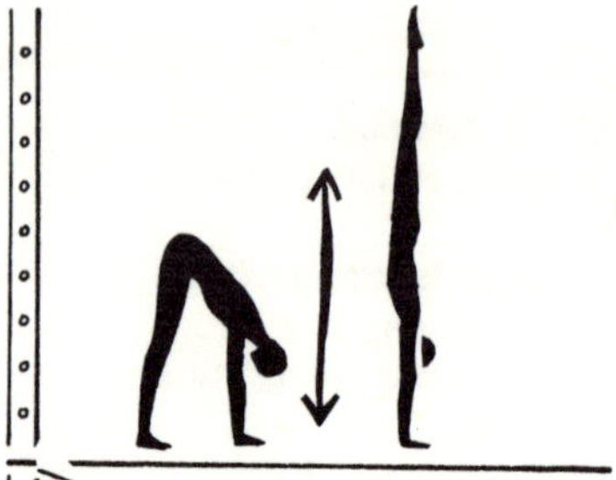

(7) Schnellkräftiges *Öffnen* des Arm-Rumpf-Winkels
- am Rollbrett – Sprossenwand mit Ringseilen
- aus dem Sitz in die Rückenlage

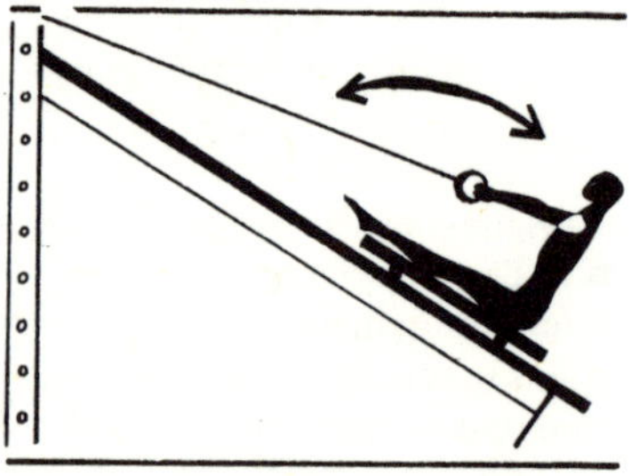

(8) *Kreisflanken*
- am Turnpilz

(9) Schnellkräftiges *Öffnen* des Bein-Rumpf-Winkels
- an Sprossenwand – Bock
- in Bauchlage
- ohne/mit leichter Zusatzlast (an Rückseite des Oberschenkels)

(10) Aktives *Seitspreizen*
- in die *Halte*
- mit verschiedener Amplitude
- aus Stand vorlings oder rücklings an der Stange (Sprossenwand), auch frei

13.9. Kraftsport

Circle-Training
intensiv, extensiv

(1) *Stoßen*
- der Scheibenhantel
- Umsetzen *ohne*/mit Hocke oder Ausfallschritt

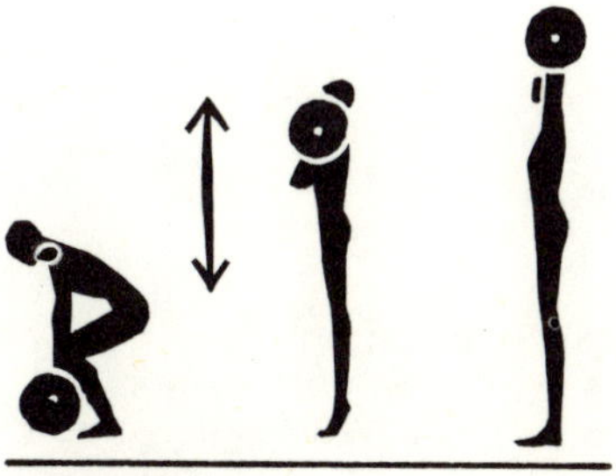

(2) *Kniebeugen*
- aus 90° Beugestellung (auch aus dem Sitz auf dem Stuhl)
- mit Scheibenhantel im Nacken

(3) *Anbeugen*
- Kammgriff
- im Stand schwunghaft
- im Sitz hebend

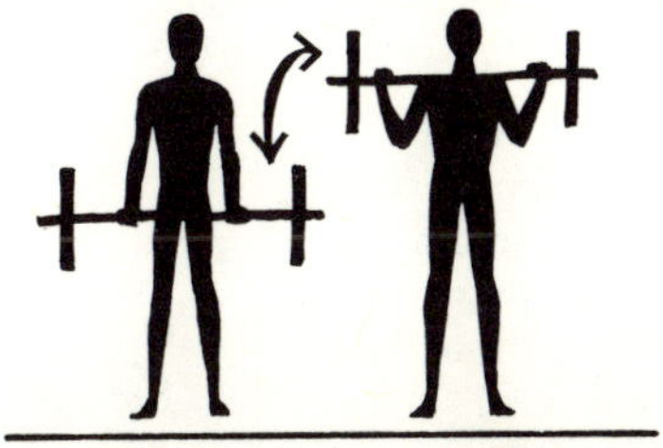

(4) *Kniebeugen*
einbeinig
- frei stehend/mit Aufsitzen auf einen Stuhl/Medizinball
- li/re; li/re im Wechsel
- **mit**/ohne Zusatzlast

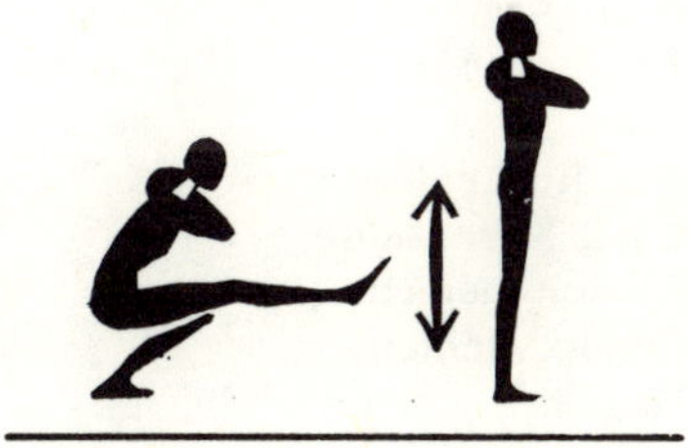

(5) *Drücken*
- in Rückenlage auf der Bank (Bankdrücken)
- Scheibenhantel frei / im Führungsständer / Hantelschwinge

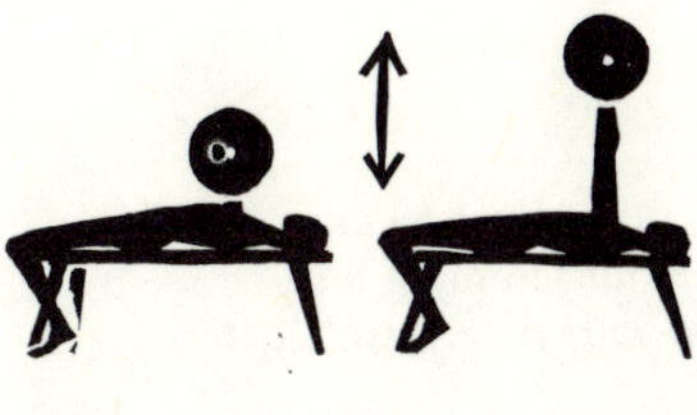

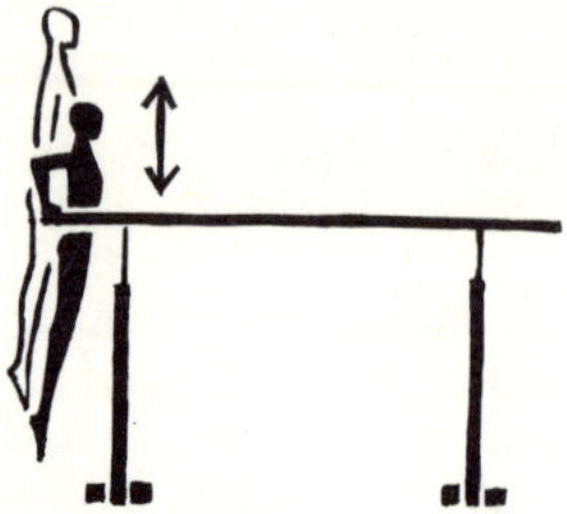

(6) *Beugestütze*
● am Barren
● zwischen zwei Stühlen

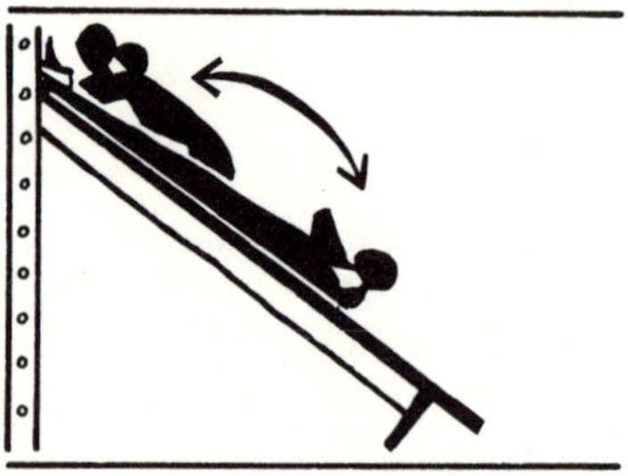

(7) *Aufrichten*
● des Oberkörpers
● aus dem Schrägliegehang
● *mit*/ohne Sandsack im Nakken

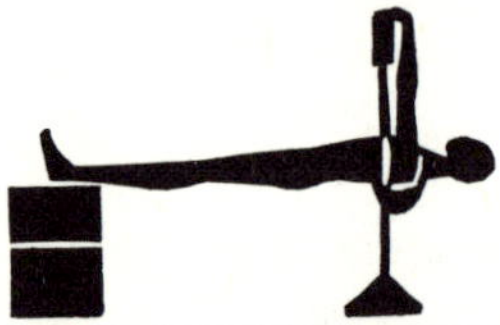

(8) *Klimmziehen*
● im Streckhang / Liegehang
● mit Zusatzlast

(9) *Heben*
● der Arme
● aus der Seithalte in die Hochhalte
● in Rückenlage
● mit Kurzhanteln / Hantelscheiben / Rundgewichten / Kugeln

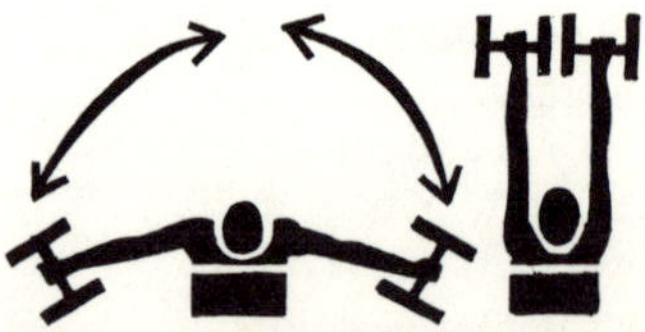

(10) *Adlerschwünge*
● mit Drehung li/re
● *mit*/ohne Zusatzlast